特別支援教育サポートBOOKS

発達と学びを支援する
手作り教材アイデア

発達障害領域作業療法士
ごーや 著

明治図書

はじめに

　本書を手にとっていただきありがとうございます。私は作業療法士として，病院で発達障害のある子どもに対して個別のリハビリを提供し，その中でも手作り教材を使用して子どもの様子に合わせた支援ができるようにしてきました。現在は，児童発達支援施設・放課後等デイサービスに勤務しながら，日々の療育の中で手作り教材を使用し，主に子どもの手指の発達，日常生活の動きの習得，認知面の発達などにフォーカスを当てて子どもの発達を支援したり，子どもが楽しく活動に取り組めるように支援したりしています。

　本書は，Instagramでも紹介していて，実際に療育の現場でも使用している子どもの発達を支援するための手作り教材アイデアを100個（5個は書籍限定）紹介しています。Instagramよりも詳しく作り方，使い方・遊び方，介入方法を紹介していて，実践で使えるようにしています。教材の使い方・遊び方については，一部QRコードからYouTubeを通して動画を観ることができます。さらに，素材データや見本図版をダウンロードでき，素材データを使ってすぐに作れたり，何度も作り直したり，見本図版を使い様々なパターンで取り組んでもらえるようになっています。

　子どもの発達を支援するといっても，子どもの発達については，身体の発達，日常生活の動きの習得，概念理解などの認知の発達，ことば・コミュニケーションの発達など多岐に渡ります。これらの能力の発達については，どれも子どもの発達や自立に大切なものです。そこで本書では，前作「手指の発達を支援する手作り教材アイデア」同様に，指先の発達を支援する手作り教材アイデアのほかに，日常生活の動きを意識できるアイデア，概念理解（色，形，空間，位置，数）の発達を支援するアイデアや，ことば・コミュニケーション力の発達を支援するアイデアと，指先の発達に限らず，幅広く子どもの発達を支援できる手作り教材アイデアを載せました。しかし，単純に多くの教材アイデアを載せるだけでは，子どもが楽しく学ぶことはできません。そこで本書では，特に子どもが興味をもって楽しく学ぶことができることを念頭に，色合いや設定など工夫して作れるような教材を選びました。しかもそれらを少ない材料でなるべく簡単に作れるようにして，実際に実践場面で使っていただきやすいようにしています。

　前作は，多くの方々に読んでいただき，実際の現場でも教材を活用していただきました。今回の「発達と学びを支援する手作り教材アイデア」についても，多くの方々に手に取っていただき，実際の現場で使用していただきたいと思います。そして，自分が関わることができない子どもたちにも自分の教材アイデアが拡がり，子どもたちの笑顔が増えることや，楽しみながら「できた！」「もっとやりたい！」という気持ちがたくさん増えることを願っています。

ごーや

本書について

1　発達と学びの土台となる遊び

　子どもは本来，興味のある対象物を見つけて，そこに手を伸ばしたい，捕まえたい，動かしてみたいという好奇心から行動（遊び）が始まり，徐々に必要な力を養いながら次のステップへと成長し，学びを深めていきます。本来子どもは，自分で必要な情報や刺激を吸収し，統合していく力をもっています。普段の遊びが土台となり，発達と学びを深めていきます。しかしながら子どもによっては，興味の偏りがあったり，刺激の受け取り方に偏りがあったりなどして，うまく発達や学びのステップアップができていない子どももいます。

　本書では，手作り教材を通して，子どもの興味をひきつつ楽しい遊びをしている感覚で，教材を見て触れてもらうことで，自然と発達や学びの土台ができていくように，色合いや内容を工夫して考えた手作り教材アイデアを載せています。

2　教材をつくる・選ぶときに大切なこと

①　まず子どもの興味をひくものから！

　自分自身，教材作りで大切にしていることは「子どもの興味をどうひくか」という点です。

　いろいろな目的のある教材があると思いますし，目的達成に特化しているわかりやすい教材もたくさんあります。そういった教材でもよいかと思いますが，子どもがより主体的に行動できるようにするためには，興味関心を刺激することは大切なことだと考えています。なるべく子どもが興味をもって取り組めそうな色合いやデザイン，題材の選択をしながら目的に合わせた教材を作っていけるとよいかと思います。

②　動き（目的）がわかりやすい設定にする

　教材を作る際に，どうしてもたくさんの動き（目的）を入れて作った方がいろいろな場面で使い勝手がよいのではと考えてしまったり，効率性や利便性重視になりがちだったりします。しかし，動き（目的）が多すぎると子どもに教材を提示したときに，やるべきことがわかりづらく自発的な動きにつながりにくいことがあります。教材を作る際には，効率性・利便性よりも子どもが教材を見た際に，やるべきことが明確になりやすいような設定を意識して作るようにしていけるとよいと思います。ただ，同じ教材でも少し位置や形を変化させることで見た目に動き（目的）が変化するようであれば，複数の目的があっても大丈夫だと思います。

③　子どもの成長段階に合った教材を選ぶ

　前作でも触れましたが，楽しそうな教材を作ったとしても，提供する子どもの成長段階に合っていない教材を提供してしまうと，子どもがうまく遊んだり，扱ったりすることができない状態になってしまいます。そうなってしまうと，大人の手助けが多く入ってしまうため，自発的な動きが出にくくなってしまったり，成長を促すことができなかったりする可能性があります。子どもが，何ができて，何が課題なのか見極めながら子どもに合わせて教材を選ぶようにしていってください。

3　教材作成に重宝する！身近な材料・道具

　本書では，基本的にご家庭でゴミとして出るような廃材（ペットボトル，ダンボール，トイレットペーパーの芯）と100円ショップで購入できる材料や道具を使用して教材を作ることができるようにしています。廃材は，失敗しても何度も作り直しができる点がメリットですし，100円ショップの材料も比較的安価に手に入りやすく，いろいろな素材のものが手に入る点がメリットです。道具に関しても，今の100円ショップにはいろいろな道具が揃っています。特にカッターやハサミについては用途に合わせて使い分けることができるほど種類が豊富です。接着剤やテープ類もいろいろな種類があり，材料をしっかり固定して丈夫な教材を作ることができます。

　身近な材料を使いながら，子どもが楽しく学びを深めることができる教材作りを楽しみましょう！

　本書は『特別支援教育の実践情報』2024年4-5月号から2年間，連載「子供を育む『手づくり教材』アイデア」に掲載したアイデアを含んでいます。

ダウンロード特典について
本書で紹介している教材の一部は，素材データや見本図版などを右のQRコード，または下記のURLより無料でダウンロードできます。
本書内では，DL ○（○は数字）と表記しています。
URL　　　：https://meijitosho.co.jp/036123#supportinfo
ユーザー名：031623
パスワード：TEDUKURI

もくじ

はじめに
本書について

指先の動き

1	キャンディスティックで虹遊び	10
2	お花ピックさし	11
3	ダボでハリネズミ	12
4	色クリップ遊び	13
5	ストロープットイン	14
6	カラーおはじき色わけ	15
7	アクセサリートレイ遊び	16
8	チョウチョ遊び	17
9	イモムシ遊び	18
10	カラースプーンにくっつけ遊び	19
11	洗濯ばさみマッチング	20
12	連結ケース遊び	21
13	くるくるメダル移し	22
14	カラフルフックつけ	23
15	ペットボトル新幹線	24
16	カタツムリで巻き巻き遊び	25
17	丸棒色合わせ	26
18	電車ひも通し	27
19	ひも通しで線路作り	28
20	りんご食べちゃった	29
21	ペーパー芯からスッポン！	30
22	クリップで連結遊び	31

日常生活の動き

- 23　ちょっと癖のあるひも通し ……………… 32
- 24　カラフルボタン遊び ……………………… 33
- 25　ホックボタン電車 ………………………… 34
- 26　バックル電車 ……………………………… 35
- 27　動物お助け遊び …………………………… 36
- 28　お猿さん遊び ……………………………… 37
- 29　マジックテープ遊び ……………………… 38
- 30　にょきにょきチンアナゴ ………………… 39
- 31　ヘアゴムかけ遊び ………………………… 40
- 32　新幹線靴下遊び …………………………… 41
- 33　ネームキーホルダーかけ遊び …………… 42
- 34　トングで色分け遊び ……………………… 43
- 35　乗り物でGO！……………………………… 44
- 36　クモの巣チョッキン ……………………… 45
- 37　ニョキニョキネジきのこ ………………… 46
- 38　フォークでアーン遊び …………………… 47

色・形―概念理解

- 39　サプリメントケース遊び ………………… 48
- 40　カラーコーン遊び ………………………… 49
- 41　キャンディスティック入れ遊び ………… 50
- 42　お花へGO！………………………………… 51
- 43　ストローで髪型遊び ……………………… 52
- 44　スノーブロックでプラステン …………… 53
- 45　フルーツカップで色分け ………………… 54
- 46　恐竜エサやり遊び ………………………… 55
- 47　カラーおはじき仕分け …………………… 56
- 48　プールスティックでプラステン ………… 57

49	棒アイス始めました	58
50	カラー丸棒さし	59
51	スティック色分け	60
52	カラフルクジャク	61
53	お薬ポケットマッチング遊び	62
54	スポンジシートで形マッチング	63
55	スポンジシートで形通し	64
56	形分けプラステン	65
57	角材形分けプットイン	66
58	ストロー型はめ	67
59	アイススティック形合わせ	68
60	トランプで認知遊び	69
61	チェーンリング形分け	70
62	ケースパズル遊び	71
63	カラフル積み木で大きさ遊び	72
64	スポンジシートで色・形マッチング	73

空間・位置 ― 概念理解

65	マスキングテープで認知遊び	74
66	トレイでボンボン遊び	75
67	すのこ遊び	76
68	色合わせ遊び	77
69	くるくるボール遊び	78
70	スプーン・フォーク仕分け	79
71	ドミノで太陽さん	80
72	缶ストッカー遊び	81
73	シートさんで認知遊び	82
74	角材マッチング	83
75	プラダン遊び	84
76	ヘアゴム仕分け	85
77	ツンツンビー玉遊び	86
78	角材パズル	87

79	スポンジシートで構成遊び	88
80	通して積んで認知遊び	89

数―概念理解

81	アイスで数遊び	90
82	ピックで数遊び	91
83	てんとうむしで数遊び	92
84	スイカで数マッチング	93
85	チョコクッキーで数遊び	94
86	ダボで数遊び	95
87	ポテトで数遊び	96
88	花びらで数遊び	97
89	ビーズで数遊び	98
90	プッシュポップで数遊び	99
91	ライオンのたてがみ遊び	100
92	イモムシとりんごの数遊び	101

ことば・コミュニケーション

93	やさしさメーター	102
94	表情・ことばマッチング	103
95	なに食べる？	104
96	どっちのほっぺに入ってる？	105
97	カバさんパックン	106
98	食べ物パックン	107
99	くるっと合わせてことば遊び	108
100	くるっと回して中身はなーに？	109

おわりに

指先の動き

1 キャンディスティックで虹遊び

動画

ねらい 指先の動き（つまむ），指先の力，目と手の協応，色認知を育む

材料 スポンジシート，キャンディスティック，ジョイントマット

プスっとさして，キレイな虹を作ろう！

■作り方

1　スポンジシートを虹の形に切る。
2　ジョイントマットを切る。
　ジョイントマットの厚さにもよるが，二重にすると十分に差し込める。
3　キャンディスティックを切る。
　そのままでも使えるが，長すぎるため半分の長さに切った方が扱いやすい。
4　ジョイントマットにスポンジシートを貼り付ける。
5　スポンジシートに穴を開ける。
　千枚通しなどで穴を開ける。

■学び方（遊び方）

　スポンジシートでできた虹の色と同じ色のキャンディスティックを差し込んで遊んでいきます。

　ジョイントマットには少し強めに押し込まないと差し込めないので，指先のつまむ動きや指先の力をつける遊びとして活用できます。

　うまく差し込むことができない子の場合には，大人が後方から押し込む動きを一緒に行うことで動きのイメージがつきやすくなります。

指先の動き

2　お花ピックさし

ねらい　指先の動き（つまむ，押し込む），目と手の協応を育む

材料　花ピック，ジョイントマット，フェルト，ケース

プスっとさして，
たくさんお花を咲かせよう！

■作り方
1　花ピックの花の部分に色を塗る。
2　ジョイントマットをカットする。
　同じ大きさのものを2枚用意する。
3　ジョイントマットにフェルトを貼る。
　土台となる部分は黄緑や緑色のフェルトを貼る。さす箇所の目印になるように，単色の丸のフェルトを貼る。
4　丸のフェルトに切れ込みを入れる。
　丸のフェルトに切れ込みを入れ，ピックがささるようにする。

■学び方（遊び方）
　土台の目印に合わせて花ピックをさし，お花畑を作って遊んでいきます。
　片面は特に指定のない目印にしているので，好きなところに花ピックをさして遊べるため，指先の動き（つまむ，押し込む）や目と手の協応練習として活用できます。
　目印として花と同じ色のフェルトを貼り付けると，指先の動きの練習などをしつつ，色分け遊びとしても活用できます。
　うまくさせない子には，さしてある花ピックを抜き取るところから始めるとよいです。

指先の動き

3 ダボでハリネズミ

動画

ねらい 指先の動き（つまむ，押し込む），指先の力を育む

材料 ジョイントマット，ダボ，ケース

ぎゅっとさして
可愛いハリネズミ作れるかな？

■作り方

1　ジョイントマットを切る。
　ジョイントマットは，茶色，白色のものを用意する。ない場合には，マジックなどで色をつける。

2　ジョイントマットに穴を開ける。
　千枚通しなどでダボが差し込める程度の穴を開ける。

3　ジョイントマットを土台に貼り付ける。
　接着剤や両面テープで固定する。
　ハリネズミの顔は好きなパーツや素材を使って作る。

■学び方（遊び方）

　ジョイントマットでできたハリネズミの背中にハリ（ダボ）をつけてハリネズミを完成させていきます。

　ダボを差し込んでいく遊びを通して，指先の動き（つまむ，押し込む）や指先の力をつけることに活用できます。

　うまくダボを差し込むことができない子の場合は，細めのダボを使用したり，竹串や爪楊枝のように細い素材から始めたりすると差し込みやすくなります。

指先の動き

4 色クリップ遊び

動画

ねらい 指先の動き（つまむ），両手の動き，色認知を育む

材料 色クリップ，色画用紙（折り紙でもよい），ラミネートフィルム

■作り方

1　画用紙をカットする。
　今回は顔のイメージで作成したため，丸にカットしているが，形は好みでよい。
2　カットした画用紙に顔を描く。
3　画用紙をラミネートし，カットする。
　なるべく画用紙に近いところでカットすると，より奥までクリップをつけることができる。

■学び方（遊び方）

　顔の形に作った画用紙に髪の毛をつけていくイメージで，クリップをつけて遊んでいきます。
　クリップをつけていくことで，指先の動き（つまむ）や両手の動きの練習として活用できます。顔と同じ色のクリップをつけていくことで，色分け遊びとしても活用できます。
　色分けが難しいお子さんの場合には，顔を色画用紙で作らないようにすれば，指先の動きに集中して遊ぶことができそうです。

指先の動き

5　ストロープットイン

ねらい　指先の動き（つまむ），目と手の協応を育む

材料　ストロー・蓋付きコップ（100円ショップ），ストロー

ストンと
ストローを入れていこう！

■作り方

1　ストローをカットする

　購入したコップに合わせて長さを決めカットする。

＊短くカットしすぎてしまうと，数が多くなりすぎてしまったり，誤飲につながってしまったりする可能性もあるため，コップの深さより少し短い程度にカットするとよい。

＊ストローは，なるべく多くの色を用意すると，認知面やコミュニケーション面への活用を図ることもできる。

■学び方（遊び方）

　蓋に穴の空いたコップにストローを入れて遊んでいきます。ストローの長さや太さを調整することで難易度の調整ができます。

　うまく入れることができない子の場合，後方から誘導するか，短めで細いストローを使用し穴に入りやすくすることで，自力で入れることができる可能性が高くなるかと思います。大人が指示した色のストローを取って入れてもらうようにすることで，色認知やコミュニケーション面へのアプローチをすることもできそうです。

指先の動き

6　カラーおはじき色わけ

ねらい　指先の動き，目と手の協応，手首の動き，色認知を育む

材料　カラーおはじき，透明ケース（蓋付き），ビニールテープ

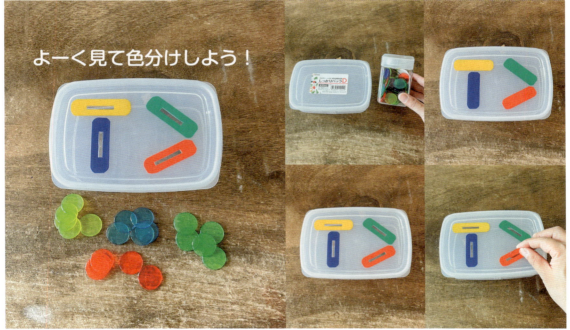

■作り方

1　ケースの蓋をくり抜く。

　おはじきの大きさに合わせて，ケースの蓋をくり抜く。くり抜く大きさを調整することで難易度を変えることができる。大きめにくり抜くと難易度は易しくなる。

2　くり抜いた部分にテープを貼る。

　おはじきの色と同じ色のテープを貼り付けて，目印にしていく。テープは特に指定はないが，ビニールテープだと色の違いがわかりやすいためおすすめ。

■学び方（遊び方）

　カラーおはじきを，同じ色のテープが貼られたくり抜き部分に入れて遊んでいきます。

　穴の大きさを調整することで，難易度を変化させることができ，穴がおはじきの大きさに近い程，難易度は上がります。指先遊びと同時に色分け遊びとしても活用できます。

　さらに，穴をくり抜く方向を変化させることで，手首の使い方を学ぶこともできます。

　色分けが難しい子の場合には，色の数を減らすことや，単色から始めるとよいです。

指先の動き

7 アクセサリートレイ遊び

動画

ねらい 指先の動き（つまむ），目と手の協応を育む

材料 アクセサリートレイ，カラフルチェンリング，アイススティック

リングをつまんで，引っ張って遊ぼう！

■作り方

1　アイススティックに色をつける。
　リングが通る大きさのアイススティックを用意する。
　マジックでリングと同じ色を塗るようにする。絵の具やマスキングテープなどで着色してもよい。

2　アイススティックをトレイに差し込む。

3　カラフルチェンリングをトレイに差し込む。

■学び方（遊び方）

　チェンリングを，トレイからつまみ出し，同じ色のアイススティックに入れて遊びます。

　指先の動きや目と手の協応動作を中心に実施したい場合には，色を塗っていないアイススティックを1本だけトレイに差し込むようにすれば，指先の動きや目と手の協応動作の練習に集中しやすくなります。指先の力が弱く，うまくつまみ出せない子の場合には，チェンリングを差し込む深さを浅くすることで，軽い力でつまみ出すことができそうです。

　差し込む遊びとして使用してもよいです。

指先の動き

8 チョウチョ遊び

ねらい　指先の動き（つまむ），指先の力，両手の動きを育む

材料　カラーのクリアファイル，木製洗濯ばさみ，モール，丸シール

■作り方

1　クリアファイルをカットする。
　クリアファイルをチョウチョの羽部分になるようにカットし，丸シールをつける。
　胴体部分は木製洗濯ばさみを使用するため，羽の間に洗濯ばさみを挟むことができるようにカットする。

2　モールをカットし，曲げる。
　チョウチョの触角部分になるようにモールを曲げていく。

3　木製洗濯ばさみに色をつける。
　マジックやテープで装飾する。

■学び方（遊び方）

　チョウチョの羽の形をしたクリアファイルに同じ色のついている木製洗濯ばさみ（胴体）をつけて，さらに同じ色のモール（触角）を取り付けてチョウチョを作って遊びます。特に指先遊びとして使うことができますが，同じ色に合わせていくことで色分け遊びとしても活用することができます。

　色分けが難しい子の場合には，特に色分けなどは気にせず，チョウチョを作る工程を楽しんでもらうようにすれば指先遊びの方に集中してもらえると思います。

| 指先の動き |

9 イモムシ遊び

ねらい 指先の動き（つまむ），目と手の協応，道具操作の力を育む

 材料 折り紙，ほこり取り，丸シール

にょきにょきと動かせるかな？

■作り方

1　折り紙を切る。
　折り紙を切る幅の指定は特にないが，細すぎると自立しない可能性がある。

2　折り紙を折る。
　写真のように折り紙を折っていく。その際に折り紙の横部分も切り，イモムシの胴体になるようにする。

3　折り紙に装飾する。
　ほこり取りを当てるための目印になる丸シールは，先に動くポイントを確認してから貼るようにする。

■学び方（遊び方）

　折り紙でできたイモムシに，ほこり取りで空気を当てることでイモムシを少しずつ前に進めて遊んでいきます。

　ほこり取りをつまむ動きを何度も行うので，楽しみながら，指先を使っていくことができそうです。

　ほこり取りの空気を目印に当てることが難しいため，最初は大人が見本を見せ，一緒に動きの確認をしてから遊ぶと感覚がつかみやすいと思います。

指先の動き

10 カラースプーンにくっつけ遊び

ねらい 指先の動き（つまむ），指先の力，両手の動き，色認知を育む

材料 木製洗濯ばさみ，木製スプーン

しっかりつまんでくっつけよう！

■作り方

1　木製スプーンに色をつける。

　色つけはマジックや絵の具で行う。絵の具だと乾きが遅いため，すぐに使いたい場合はマジックで塗るとよい。

2　木製洗濯ばさみに色をつける。

　木製スプーンと同じ色に塗る。

　数の指定はないが，数が多すぎると木製スプーンに付けにくくなるため，洗濯ばさみ同士に隙間ができる程度の数にする。

■学び方（遊び方）

　木製スプーンと同じ色の木製洗濯ばさみを，木製スプーンにつけて遊んでいきます。

　木製洗濯ばさみはいろいろな大きさのものがあるため，大きさを変えることで難易度の調整ができます。小さい程，より指先の細かな動き（つまむ）が必要になります。

　うまくつけることが難しい子の場合には，大きめの洗濯ばさみから始めるとよいです。

　指先の動きの練習や指先の力をつけることに集中させたい場合には，色を塗らずに遊んでもよさそうです。

指先の動き

11 洗濯ばさみマッチング

動画

ねらい 指先の動き（つまむ），指先の力，手首の動き，色認知を育む

材料　仕切りケース，洗濯ばさみ，ビニールテープ

手の使い方を考えながらつけていこう！

■作り方

1　仕切りケースの内枠部分にビニールテープを貼る。

　洗濯ばさみと同じ色のテープを貼るようにする。

　基本的には，すべての内枠にテープを貼るが，子どもの様子を見て数に配慮する場合には，テープの数を減らしたり，縦か横のみにテープを貼ったりするとよい。

■学び方（遊び方）

　仕切りケースに貼られたテープの色に合わせて，同じ色の洗濯ばさみをテープの上につけて遊んでいきます。

　指先の動き（つまむ）や手首の動きを引き出すこと，指先の力をつけることに役立ち，色分け遊びとしても使えます。

　縦と横のどちらかの方向で洗濯ばさみをうまくつけることができない子の場合には，うまくつけることができる方向から実施できるようテープの位置を変更（縦のみか横のみ）して遊ぶようにしてください。

指先の動き

12 連結ケース遊び

動画

ねらい 指先の動き，前腕の動き（ひねる），両手の動きを育む

材料 連結ケース，マスキングテープ，DL01 を印刷したもの

たくさん連結して遊ぼう！

■作り方

1 連結ケースにテープを貼る。

　そのままでも使うことができるので，必要なければテープを貼らなくてもよい。

　認知遊びとしても活用する場合には，各ケースにテープを貼るようにする。

　ケースの数を増やすことで，同じ色のケースを連結させる遊びとしても活用できるため，子どもに合わせて必要な形で作るようにする。

2 見本図版を作る。

　子どもの様子に応じて見本図版を作成する。DL01 をダウンロード，印刷して使用する。

■学び方（遊び方）

　連結ケースを外したり，付けたりして遊んでいきます。

　指先や前腕の動きに集中させたい場合には，連結ケースにテープを貼らずに遊ばせるとよさそうです。

　テープを貼ることで，同じ色のケースを連結したり，見本の配色に合わせて連結して遊ぶようにしたりすることで，指先の動きを促しつつ，色分け遊びやより高度な認知遊びとしても活用できそうです。

指先の動き

13 くるくるメダル移し

ねらい 指先の動き（ひねる），目と手の協応を育む

材料 有孔ボード，ダボ，ストロー，ダンボール，カラーおはじき，スポンジシート又は画用紙，輪ゴム

くるくる回してゴールを目指せ！

■作り方

1　ダンボールを切る。
　円形に切り，1/4程度切りとる。円の直径は50mm程度で，有孔ボードに取り付けたときに隣のダンボールに接触しない程度にする。

2　ダンボールにストローを貼り付ける。
　ストローはダボより太いものを貼り付けるようにする。
　装飾としてスポンジシートも貼ると見た目がよくなる。

3　ダボを有孔ボードに取り付ける。

4　ダボと輪ゴムでゴールを作る。

■学び方（遊び方）

　ダンボールについたストローを捻ってダンボールをくるくる回して，おはじきをゴールまで移動させて遊びます。

　ストローを捻ってダンボールをくるくる回すため，指先の動き（ひねる）を促す遊びとして活用できそうです。

　うまくできない子の場合，ダンボールを直接動かしておはじきを移動するようにすれば捻る動きがなくても動かすことができるため，取り組みやすくなります。直接動かす形でも目と手の協応遊びとして活用できます。

指先の動き

14 カラフルフックつけ

動画

ねらい 指先の動き（ひねる）を育む

材料 木製フック，有孔ボード

ねじねじつけて，指先遊び！

■作り方

1　有孔ボードをカットする。
　大きさは特に指定はない。作りたい大きさや取り付ける木製フックの数に応じてカットする。
　有孔ボードは，同じ大きさのものを2枚用意し，穴の位置が同じになるようにする。
2　ネジ部分を有孔ボードで挟み，固定する。
　ボンドで固定すると隙間も埋まりやすい。
3　木製フックに色をつける。

■学び方（遊び方）

　土台にあるネジに合わせて，木製フックを取り付けて遊んでいきます。
　うまく取り付けることができない子の場合，最初に動きの見本を見せるか，後方から取り付ける動きを誘導していくとよいです。フック同士の間隔が狭いとうまく取り付けられないことがあります。間隔をあけてネジを取り付けるようにすることで，より簡単に取り付けることができるでしょう。
　見本などを作り，同じ配色で取り付けるようにすれば認知遊びとしても活用できます。

15 ペットボトル新幹線

ねらい　指先の動き（ひねる），前腕の動き，両手の動きを育む

材料　ペットボトル（小），ひも，ビニールテープ

くるっとつけて連結しよう！

■作り方

1　ペットボトルをカットする。
　ペットボトルを半分にカットする。最初にテープを巻いてカットすると，まっすぐカットしやすい。

2　ペットボトルの上部分同士をつなげる。
　テープでつなげる。

3　装飾する。
　ビニールテープで新幹線の模様になるように装飾していく。

4　蓋にひもを取り付ける。
　千枚通しで穴を開けてひもを通す。

■学び方（遊び方）

　ペットボトルでできた新幹線に蓋を取り付け，連結して遊んでいきます。

　うまくつなげることができない子の場合には，最初に外すところから始めるとよいです。

　動きの見本を見せたり，取り付けの部分のみ一緒に行ったりしてもよいと思います。

　ペットボトルの中は空洞になっているので，ひも通しとしても活用でき，連結して遊ぶこともできます。見本を作れば，見本通りにつなげる認知遊びとしても活用できます。

指先の動き

16 カタツムリで巻き巻き遊び

ねらい 両手の動き，指先の動き（丸める），日常生活の動きを育む

材料 ダンボール，フェルト，マジックタイ

くるくる巻いて
可愛いカタツムリさんの完成！

■作り方

1　フェルトをカットする。
　長細くカットする。長さは特に指定はないが，丸めた際にマジックタイで留められる長さにする。

2　フェルトにマジックタイを貼り付ける。
　丸めた際にマジックタイで留められるように調整して貼り付けていく。

3　ダンボールをカットする。
　カタツムリの形にカットして土台を作る。

4　土台とフェルトを貼り合わせる。

■学び方（遊び方）

　フェルトを丸めてマジックタイで留め，カタツムリの殻の部分を作って遊んでいきます。

　フェルトを丸めてマジックタイで留めていくことで，両手の協調した動き，指先の動きの練習をすることができ，日常生活の動き（マジックテープを留める）の練習としても活用できます。

　うまく丸めることができない子の場合には，丸棒やペットボトルの蓋をカタツムリの殻に見立ててマジックタイで留めるようにすると難易度を下げて遊ぶことができると思います。

指先の動き

17　丸棒色合わせ

ねらい　指先の動き，両手の動き，色合わせの力を育む

材料　丸棒（直径20mm程度），透明のビニールホース（丸棒より直径が少し大きいものを使用），ビニールテープ，ケース

■作り方

1　丸棒をカットする。

　長すぎるとビニールホースの中に丸棒がうまく入らない可能性がある。ビニールテープの3列分を貼れる程度の長さにする。

　木材をカットした後は，やすりなどで角を丸くする。

2　ビニールホースをカットする。

　丸棒と同じ長さにカットする。

3　ビニールテープを貼る。

　子どもの実態，課題に応じてビニールホースの両端と丸棒の中心にテープを貼り付ける。

■学び方（遊び方）

　丸棒をビニールホースの中に入れる，または取り出して遊んでいきます。

　指先の動きや両手の動きを引き出すことが目的の子や色の認知が未熟な子の場合，ビニールテープを貼らずに遊んでもよさそうです。

　ビニールテープをつけて遊んでもらうようにすることで，色の認知を高める遊びとしても活用できそうです。

　1人ではできない子の場合，ホースの先端に丸棒を入れておいたり，出しておいたりすることで出し入れしやすくなります。

指先の動き

18 電車ひも通し

動画<

ねらい 指先の動き（つまむ），両手の動きを育む

材料 スポンジシート（ベースは4mm厚，模様となる部分は15mm厚），毛糸または細めのひも，アイススティック

上手に通して連結しよう！

■作り方

1 スポンジシートをカットする。
　電車本体のパーツ（100mm×55mm）×2，内側のパーツ（100mm×20mm）×2，電車の窓部分になるパーツ，下の模様部分になるパーツをカットする。
　窓部分，下の模様になる部分のパーツは，薄いスポンジシートを使用した方がよい。

2 パーツを貼り合わせて電車の形を作る。
　写真のように貼り合わせる。
　内側にアイススティックが通るようにする。

3 アイススティックにひもを取り付ける。

■学び方（遊び方）

　スポンジシートで作った電車にアイススティックを通してつなげていく遊びです。アイススティックを奥まで通していかないといけないため，通常のひも通しより押し込む必要あり，より指先を使うことができます。うまく通すことができない場合には，電車の長さを短くしたり，押し込む部分を大人が支援したりするとよいです。口頭での指示や見本に合わせて電車をつなげてもらうようにすると，コミュニケーション面の指導も同時に行うことができます。

指先の動き

19 ひも通しで線路作り

動画

 ねらい　指先の動き（つまむ），両手の動きを育む

材料　スポンジシート（土台は 4 mm 厚，電車は 1.5 mm 厚），綴ひも（毛糸でもよい）

電車が走れるように線路を作ろう！

■作り方

1　スポンジシートを切り，電車を作る。
　電車本体とパーツを切り出す。
　ボンドなどで電車を組み立てる。
2　土台のスポンジシートに電車を貼る。
3　土台に線路を描き込む。
　線路は左右の枠のみを描く。
4　線路部分に穴を開ける。
　ひもを上下に通していけるように，線路に沿って穴あけパンチなどで穴を開けていく。
　穴の大きさは，子どもの能力に合わせて調整する。

■学び方（遊び方）

　土台にひもを通していき，線路を完成させていくようにして遊びます。
　線路を完成させて電車が走れるようにしていくことで，子どもが興味をもって活動に取り組めるようにしつつ，指先の動きや両手の動きの練習として活用できます。
　うまくひも通しができない子の場合，穴の大きさを大きくすることで通しやすくなります。ひもの太さを細くすることでより指先の細かな動きを誘導することにもつながります。

指先の動き

20 りんご食べちゃった

動画

ねらい 指先の動き（つまむ），両手の動きを育む

材料 スポンジシート（4mm厚），毛糸，フェルトボール（小），モール，DL02 を印刷したもの

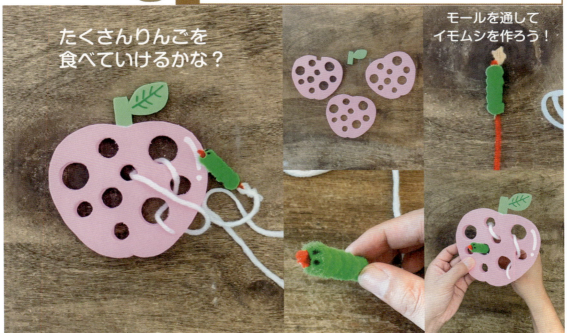

■作り方

1　スポンジシートをカットする。
　DL02 をダウンロード，印刷し，型紙を用意する。りんごの形×3枚，葉っぱの形×1枚分カットする。りんごの形のうち，1枚は葉っぱのスポンジシートが挟めるように上部を少しカットしておく。

2　スポジシートに穴をくり抜く。
　穴の大きさや数は自由に設定してよい。

3　フェルトボールにモールを通して，イモムシを作る。

4　りんごとイモムシをひもでつなげる。

■学び方（遊び方）

　スポンジシートで作ったりんごに，イモムシを通していく遊びです。穴の大きさによってイモムシの通しやすさが変わります。穴の大きさを小さくした方がより難易度が高くなります。イモムシと穴の大きさを同じくらいにすることで，イモムシを引っ張り出す必要性が出てくるので，つまんで引っ張る動作や注意集中力を高める遊びとしても活用できそうです。穴の場所を指定することで，コミュニケーション面や認知面へのアプローチもできます。

指先の動き

21 ペーパー芯からスッポン！

ねらい 指先の動き（つまむ，引っ張る，押し込む），指先の力を育む

材料 トイレットペーパーの芯，スポンジ（ネットに巻かれているもの），折り紙（なくてもよい）

ギュッと引っ張って遊ぼう！

■作り方

1 スポンジを取り出す。
　ネットの中からスポンジを取り出す。
　ネットに入っているままでも遊ぶことはできるので，そのまま使用してもよい。

2 トイレットペーパーの芯を装飾する。
　トイレットペーパーの芯に好きな折り紙を貼り付けて装飾する。見た目を華やかにするためなので，貼り付けなくてもよい。

■学び方（遊び方）

　トイレットペーパーの芯の中に入ったスポンジを引っ張り出したり，押し込んだりして遊びます。

　スポンジを引っ張り出したり，押し込んだりする動きを通して，つまむ，引っ張る，押し込むなど様々な指先の動きを経験することができます。

　うまく引っ張り出したり，押し込んだりすることが難しい子の場合には，芯やスポンジの長さを短くすると扱いやすくなります。

指先の動き

22 クリップで連結遊び

ねらい 指先の動き（つまむ，押し込む），両手の動きを育む

 材料 新幹線や電車のシール，ジョイントマット，クリップ

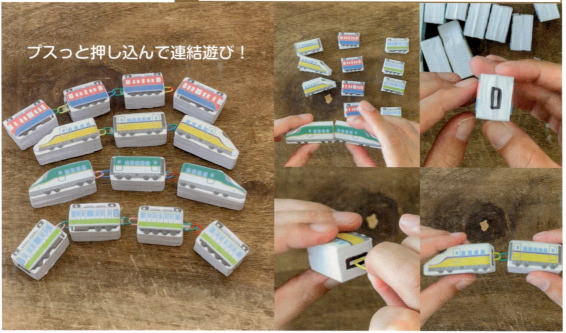

プスっと押し込んで連結遊び！

■作り方

1 ジョイントマットにシールを貼り付ける。
　前後を合わせられるように新幹線や電車のシールを貼る。
2 ジョイントマットを切り，テープで貼り合わせる。
　前後を合わせ，周囲をテープで固定する。面同士を貼り付けないようにする。
3 貼り合わせたジョイントマットの裏に切れ込みを入れる。
4 クリップをつける。
　少し捻りどちらも縦になるようにする。

■学び方（遊び方）

　クリップを切れ込み（連結部分）に押し込み，電車同士を連結して遊んでいきます。
　クリップで電車同士を連結する遊びで，指先のつまむ動きや押し込む動き，両手を使う動きの練習として活用できます。
　うまくクリップを押し込むことができない子の場合，後方から一緒に押し込む感覚を掴めるように誘導すると動きのイメージがつきやすく，成功体験も積めるかと思います。

日常生活の動き

23 ちょっと癖のあるひも通し

ねらい 日常生活の動き（ボタンつけ），指先の動き（押し込む），両手の動きを育む

材料 プールスティック，毛糸，フェルトボール

ギュッと押さないと通らないよ！

■作り方

1　プールスティックをカットする。
　カットする幅は特に指定はないが，幅が厚くなるほど難易度は難しくなる。

2　フェルトボールを毛糸とつなげる。
　プールスティックの穴より少し大きめのフェルトボールに毛糸を結びつける。
　反対側は，プールスティックが抜けないようにしておくとよい。同じようにフェルトボールをつけてもよい。

■学び方（遊び方）

　プールステックをひもに通していく単純な遊びですが，先端にフェルトボールがついていることで，プールスティックの穴に押し込まないとひもを通すことができないようになっています。そのため，両手や指先をよく使う動きを引き出すと同時に，ボタンを通す動きの前段階の練習としても活用できます。
　ボタンをつけることが苦手な子の場合，この活動から始めることで，基本的な動きのイメージがつきやすくなり，ボタンより扱いやすいため，取り組みやすいと思われます。

日常生活の動き

24 カラフルボタン遊び

動画

ねらい 日常生活の動き（ボタンつけ），指先の動き，色認知を育む

材料 ボタン（色つきのもの），ジョイントマット，フェルト，ゴム（細いもの）

同じ色に重ねて通して遊ぼう！

日常生活の動き

■作り方

1　ジョイントマットをカットする。
　同じものを2枚用意する。
2　ボタンを取り付ける。
　ゴムでボタンを固定する。
3　ジョイントマットを貼り合わせる。
4　フェルトをカットする。
　ボタンの色に合わせてフェルトをカットして，同じ色のものを大小2枚用意する。
5　フェルトに切れ込みを入れる。

■学び方（遊び方）

　ボタンの色に合わせて，同じ色のフェルトを通して遊んでいきます。ゴムでボタンがついているので，付け外しがしやすいです。
　フェルトをボタンにつける動きがあるため，ボタンつけの練習や指先の動きの練習として活用できます。
　さらに大きさの違いを見分けながら重ねてボタンに通したり，色分け遊びとしても活用したりできます。見本図版を作り同じ配色になるようにフェルトを重ねてボタンに通すことで，視覚認知遊びとしても活用できます。

日常生活の動き

25　ホックボタン電車

動画▶＜

 日常生活の動き（ボタンつけ），両手の動きを育む

材料　フェルト，ホックボタン

パチっとつけて電車を連結！

■作り方

1　フェルトをカットする。
　電車の本体，窓，車輪，連結部分を準備する。すべてのパーツを貼り合わせるために，2セットずつカットする。

2　パーツを貼り合わせて電車を完成させる。

3　連結部分にホックボタンを取り付ける。
　縫わずに取り付けることができるホックボタンを用いる。方向に気をつけて取り付ける。
　縫うタイプのホックボタンを使用してもよい。

■学び方（遊び方）

　電車の連結部分についているホックボタン同士をつけて電車を連結させて遊んでいきます。
　電車を連結させて遊んでいく中で，ホックボタンの付け外しの動きができ，日常生活の動きの練習として活用することができます。
　うまく付け外しすることが難しい子の場合には，大人が一緒に一連の動きを後方から誘導し，ホックボタンを押してつける感覚を体験してもらいつつ進め，徐々に誘導頻度を減らしていくとよいです。

日常生活の動き

26 バックル電車

ねらい　日常生活の動き（バックルの付け外し），両手の動き，指先の動きを育む

 材料　バックル，リボン，フェルト

カチッとつけて外して電車遊び！

■作り方

1　フェルトを切る。
　フェルトを切る長さの指定はない。
　写真のようにリボンとバックルを挟んで固定できるようにする。
2　リボンとバックルを取り付ける。
　リボンをバックルに通し，リボンの端同士をつなげる。
3　フェルトとリボンを貼り合わせる。
　フェルトでリボンを挟むようにして貼る。
4　電車になるように装飾する。

■学び方（遊び方）

　バックル同士をつなげて電車を連結して遊びます。

　実際に日常生活でも扱うことのあるバックルを使用して連結遊びをすることで，より実践に近い形での日常生活の動きの練習として活用できそうです。

　小さいバックルではうまく付け外しができない子の場合，大きめのバックルを使用すると扱いやすくなりますが，力を必要とするため，最初は大人と一緒に実施するとよいかと思われます。

日常生活の動き

27 動物お助け遊び

ねらい 日常生活の動き（ジッパーの開閉），指先の動き（つまむ，引っ張る），目と手の協応，両手の動きを育む

材料 小物入れポーチ，動物マグネット（シールや自作のものでもよい）

ジッパーを開けて動物を助けてあげよう！

■作り方

1. 動物マグネットをポーチの中に入れる。

　この教材は特に加工する必要はない。小物入れポーチとポーチに入る大きさの動物マグネットなどを用意する。

　ポーチの大きさに指定はないが，今回は子どもの手の大きさでも扱いやすい大きさのものを使用している。

　動物マグネットなどがない場合には，自分で動物を用意する。

■学び方（遊び方）

　小物入れポーチの中に閉じ込められた動物を助け出していく遊びです。

　ジッパーの開閉は日常生活の動きの練習として活用できます。また，ポーチのジッパーを開けて動物を助けていくことで，指先の動き（つまむ，引っ張る）を促すことができます。

　うまくジッパーの部分をつまんだりすることができない子の場合には，紐などをつけておくと開けやすくなります。

日常生活の動き

28 お猿さん遊び

動画

ねらい 日常生活の動き（ジッパーの開閉），指先の動きを育む

材料 フェルト，ジッパー，スポンジシート（4mm厚）

お猿さんにたくさんバナナを食べさせよう！

■作り方

1　フェルトにジッパーを取り付ける。
　フェルトをくり抜き，強力両面テープやボンドなどでジッパーを貼り付ける。
　ジッパーを貼り付けるフェルトは，猿の口部分になるため，余裕をもって大きめに切る。

2　猿の顔を作る。
　フェルトを使い猿の顔を作る。
　口部分を貼る際は，口の中に空間ができるように周囲にだけボンドを塗るようにする。

3　バナナを作る。
　スポンジシートで作る。

■学び方（遊び方）

　ジッパーでできているお猿さんの口を開け閉めしながら，バナナを食べさせて遊びます。
　お猿さんの口を開けたり閉めたりしながら，子どもの興味をひきつつ，日常生活の動きの練習として活用できそうです。
　うまく開閉ができない子の場合，ジッパーの持ち手部分に紐を取り付けることで開閉しやすくなります。大人が後方から一緒にジッパーの開閉の動きを誘導するようにしてもよいかと思います。

日常生活の動き

29 マジックテープ遊び

ねらい 日常生活の動き（マジックテープの付け外し），指先の動き，目と手の協応を育む

材料 ジョイントマット，マジックテープ，フェルト，モール

蝶をお花まで連れて行こう！

■作り方

1　マジックテープを取り付ける。

　ジョイントマットに切れ込みを入れ，マジックテープを通す。マジックテープはとめられる長さに調整する。花になる方は接着剤で固定する。

2　フェルトで花や蝶を作る。

　土台側を花の形にし，取り付ける側にはフェルトの蝶を取り付ける。蝶の触覚を作る際には先に胴体部分を固定して最後にモールを触覚の形にする。

■学び方（遊び方）

　マジックテープの先端についている蝶を引っ張り，花部分になっているもう一方のマジックテープにつけて遊びます。

　蝶をうまく引っ張ることができない子の場合には，大人が一緒に蝶を引っ張るようにしたり，蝶部分を大きくしてつかみやすくしたりすると引っ張り出す感覚がつかみやすくなります。または，引っ張り出さない形にすることで，マジックテープ同士をつける動きに集中して取り組むことができそうです。

日常生活の動き

30　にょきにょきチンアナゴ

動画＜

ねらい　日常生活の動き（マジックテープの付け外し），指先の動き（引っ張る），指先の力を育む

材料　マジックタイ（チンアナゴの形の物，なければチンアナゴを自分で作成してもよい），青のスポンジシート（4㎜厚），フェルト

にょきっと引っぱれチンアナゴ！

■作り方

1　スポンジシートを切り，貼り合わせる。
　同じ大きさに切ったスポンジシートを2枚貼り合わせて土台を作る。

2　フェルトで装飾する。
　海底をイメージして装飾する。

3　マジックタイを取り付ける。
　土台に切れ込みを入れ，マジックタイを取り付ける。裏面は接着剤で取り付けてもよいが，縫うとより強度が増す。

4　土台にマジックテープを貼る。
　チンアナゴが伸びきった部分に貼る。

■学び方（遊び方）

　マジックタイのチンアナゴを引っ張って，にょきっと海底から飛び出させて遊びます。
　チンアナゴを引っ張り出し，土台のマジックテープと貼り合わせることで，日常生活の動き（マジックテープの付け外し）の練習として活用できそうです。引っ張り出す動きは，細かな指先の動きを促したり，指先の力をつける練習としても活用できます。
　引っ張り出すことが難しい子の場合，引っ張り出された状態から始めるとよいです。

日常生活の動き

31　ヘアゴムかけ遊び

ねらい　日常生活の動き（両手を使う），指先の力，色認知を育む

　材料　ヘアゴム，丸棒，板，ケース

両手で引っぱって上手につけよう！

■作り方

1　**板をカットする。**
　板を適当な大きさにカットする。

2　**丸棒をカットする。**
　2cm幅くらいでカットする。

3　**丸棒を着色する。**
　ヘアゴムの色に合わせて着色する。

4　**板に丸棒を固定する。**
　接着剤で固定する。下から釘で留めるとより丈夫になる。

■学び方（遊び方）

　丸棒の色と同じ色のヘアゴムを丸棒につけて遊んでいきます。

　丸棒にヘアゴムをつけていくことで，靴下を履く際の靴下を広げる動きや，両手の動き，指先の動きの練習に活用できたり，指先の力をつけたりする活動としても活用できそうです。

　うまくつけることができない子の場合には，大人が一緒にヘアゴムの開き方を誘導していくか，丸棒を細くすることで，ヘアゴムをつけやすくなります。

日常生活の動き

32 新幹線靴下遊び

ねらい 日常生活の動き（靴下を履く），両手の動きを育む

材料 板，ペットボトル，靴下（子ども用），キャスター

靴下をつけて，動かして新幹線遊びを楽しもう！

■作り方

1　板を貼り合わせ土台を作る。
　小さいペットボトルが取り付けられる程度の長さで板をカットして，L字になるように固定する。

2　ペットボトルを固定する。
　写真のような位置で，接着剤やテープを用いてペットボトルをしっかり固定する。
　ペットボトルの背面は隙間が開くように位置を調整する。

3　キャスターを貼り付ける。

■学び方（遊び方）

　土台についているペットボトルに，新幹線の柄のついた靴下を通して遊んでいきます。

　土台にはキャスターがついているため，靴下をつけた後には新幹線遊びとして走らせて遊ぶこともできます。

　うまく取り付けることが難しい子の場合には，最初の引っかかる部分を大人が付ける，または，後方から支援しつつ一緒に取り付けるようにして，引き下げる部分から子どもにやってもらえるようにするとよいです。

日常生活の動き

33　ネームキーホルダーかけ遊び

動画

ねらい　日常生活の動き（引っかける），目と手の協応，色認知を育む

材料　ネームキーホルダー，ケース，マジックテープ，ステンフック，丸シール

上手に引っかけられるかな？

■作り方

1　ケースにマジックテープをつける。
　ケースにマジックテープをつけて，L字になるようにする。

2　ケースの蓋にステンフックを貼る。
　ネームキーホルダーをつけて，間隔を確認しながら貼り付ける。

3　丸シールを貼る。
　ネームキーホルダーと同じ色の丸シールをステンフックに貼り付ける。

■学び方（遊び方）

　ステンフックについている丸シールと同じ色のネームキーホルダーを引っかけて遊んでいきます。

　ネームキーホルダーの引っかける動きが，日常生活の中で袋をフックにかけたりする動きに似ているので，間接的な練習として活用できそうです。

　うまく引っかけることができない子の場合には，大人が一緒に動きを教えていったり，色分けがない状態で始めたりするとよいです。

日常生活の動き

34 トングで色分け遊び

動画

ねらい　日常生活の動き（道具操作），色認知を育む

材料　トング，フェルトボール，ケース，丸シール，トングの持ち方の写真（絵やイラストでもよい）

■作り方

1　ケースに丸シールを貼る。

　フェルトボールの色に合わせて，ケースの底に丸シールを貼っていく。

　ケースは，フェルトボールが入るものであればどのようなものでも大丈夫だが，すべてのフェルトボールを収納するのであれば，画像のような形のケースを使用する。

　トングの持ち方の写真については，あると持ち方のイメージがつきやすくなるが，用意しなくてもよい。

■学び方（遊び方）

　トングでフェルトボールをつまみ，ケースの底に貼られている丸シールと同じ色のところに入れて遊んでいきます。写真でトングの持ち方を見ながら遊んでいくことで，道具操作の練習として活用できます。

　フェルトボールの色を合わせていくことで，色分け遊びとしても活用できます。

　フェルトボールの大きさを小さくしたり，補助箸などを使って遊んでもらったりすると，より難易度を上げることができます。

35 乗り物でGO！

動画

ねらい 日常生活の動き（道具操作，特に運筆），目と手の協応を育む

材料 クリップ，ホワイトボードマーカー，DL03 を印刷したもの，ラミネートフィルム

■作り方

1 素材を切り，ラミネートする。
　DL03 をダウンロード，印刷する。台紙はそのままラミネートし，乗り物は切ってからラミネートする。

2 乗り物にクリップを取り付ける。
　乗り物の裏にクリップを取り付ける。クリップが半分程度外に出るようにする。

■学び方（遊び方）

　乗り物についているクリップにペン先を置いて，乗り物を動かしながらスタートからゴールまで走らせて遊びます。
　道路からはみ出ないように車を動かしていく中で，道具操作（特に運筆）の練習として活用できそうです。
　うまく操作ができない子の場合，大人が後方から一緒に動かすようにすると，使い方や動かし方のイメージがつきやすくなるかと思います。道路の向きを変えれば難易度も調整することができます。

日常生活の動き

36 クモの巣チョッキン

動画

ねらい　日常生活の動き（ハサミの操作），目と手の協応を育む

材料　ダンボール，毛糸，DL04 を印刷したもの

■作り方

1　ダンボールを切る。
　DL04 をダウンロード，印刷して，ダンボールに貼り付ける。素材の形に合わせてダンボールを切る。
2　クモを土台に貼り付ける。
3　土台の外側に切れ込みを入れ，毛糸を引っかける。
　毛糸を引っ掛けていけるように切れ込みを入れる。
4　引っ掛けた毛糸の中にチョウチョを入れ込む。

■学び方（遊び方）

　クモの巣（毛糸）に捕まったチョウチョを，クモの巣をハサミで切って助けて遊びます。

　ハサミでクモの巣を切っていく遊びを通して，日常生活の動き（ハサミの操作）の練習ができそうです。

　うまくハサミの操作ができない子の場合，大人が後方から動きの誘導をしたり，子どもの様子に合わせて，使うハサミの形を工夫したりすると取り組みやすくなります。

　道具を使わずにチョウチョを助けるようにすると手指を使う遊びとしても活用できます。

日常生活の動き

37　ニョキニョキネジきのこ

ねらい　日常生活の動き（道具操作），指先の動き（つまむ，ひねる）を育む

材料　有孔ボード，角材，ネジ，ナット（有孔ボードの穴に通るもの），樹脂粘土

ニョキニョキっときのこを伸ばしていこう！

■作り方

1　有孔ボードを切る。
　角材の長さに合わせて有孔ボードを切る。
　角材を貼り付けた時に，ネジが通せる程度の幅にする。

2　角材とナットを固定する。
　写真のように，角材を貼り付けたら，ナットを有孔ボードの穴に合わせて固定する。ナットの周りを全体的にボンドなどで固定するとよい。

3　ネジを通して，樹脂粘土できのこの傘部分を作る。

■学び方（遊び方）

　ネジでできているきのこを，ドライバーを使ってニョキニョキと伸ばして遊びます。

　ドライバーで道具を使ってきのこを伸ばしていく遊びを通して，鉛筆や箸の動きに必要な指先の細かな動きや手首や腕の動きを引き出す遊びとして活用できそうです。

　ドライバーを使うことが難しい子の場合，大人が後方から動きの誘導をすると動きのイメージがつきやすいです。ドライバーを使わず，きのこの傘部分を回して遊ぶことで，指先の動きの練習としても活用できます。

日常生活の動き

38　フォークでアーン遊び

ねらい　日常生活の動き（フォークの操作），目と手の協応を育む

材料　ダンボール，ジョイントマット，フォーク，ケース，DL05 を印刷したもの

■作り方

1　素材を貼り付けて切る。
　DL05 をダウンロード，印刷したものをダンボールに貼り付け，口の部分をくり抜く。ダンボールは，ケースに入る程度の大きさで2枚切り，上部分をテープで固定し立てられるようにする。

2　ジョイントマットを切る。
　ジョイントマットを怪獣の口の部分に入る程度の大きさに切り，フォークが刺さるようにくり抜く。

3　ジョイントマットにお肉の絵を描く。

■学び方（遊び方）

　ジョイントマットでできたお肉にフォークを刺して，怪獣に食べさせて遊びます。

　ジョイントマットにフォークを刺す動きや，怪獣の口にお肉を入れて，引っ掛けながらフォークを引き抜く動きを通して，興味をひき出し，日常生活の動き（フォークの操作）の練習として活用できそうです。

　うまくフォークを使えない子の場合，大人が後方から持ち方や動きの誘導をすることで，動きのイメージがつきやすくなるかと思います。

色・形―概念理解

39 サプリメントケース遊び

ねらい 色認知を育む

材料 サプリメントケース，ストロー

同じ色のケースに
たくさん並べられるかな？

■作り方

1 ストローをカットする。

　ケースの色に合わせて同じ色のストローをケースの幅に合わせてカットする。

　ケースの幅ぴったりにカットすると出し入れが難しくなるので，多少余裕をもってカットする。

　本数などは特に指定はない。

　必ずしもケースと同じ色のストローを選択する必要はないので，ケースの色に近い色を選ぶ，または，ストローにテープなどを巻いてケースの色と近くなるようにするとよい。

■学び方（遊び方）

　ケースの色に合わせて，同じ色のストローを並べて入れて色分けして遊んでいきます。

　色分けしていくことが大きな目的になるため，うまく入れたりつまみ出すことが難しい場合には，ストローの幅を調整したり，ぴったり入らないように本数を調整したりすると遊びやすくなるかと思います。

　難易度を上げる場合には，ストローを入れていくときに，箸やピンセットを使って入れていくようにすれば，指先の動きや，道具操作の練習もしつつ遊ぶことができます。

色・形―概念理解

40　カラーコーン遊び

ねらい　色認知，目と手の協応を育む

材料　カラーコーン，板

同じ色のコーンにパコッと重ねよう！

■作り方

1　板をカットする。

　カラーコーンを並べた長さで板をカットする（カラーコーンの数によって長さは変わる）。

　カラーコーン同士の幅は，カラーコーンが重なり合わない程度にする。

2　カラーコーンを板に固定する。

　各色のカラーコーンを1つずつ板に固定する。プラスチックも接着できる接着剤が便利だが，より固定力を高めたい場合には，ネジなどで固定するとよい。

■学び方（遊び方）

　各色のカラーコーンに，同じ色のカラーコーンを重ねて遊んでいきます。

　カラーコーンを重ねるだけなので，比較的遊びやすく，色分けの活動に集中しやすいです。

　色分けが難しい子の場合には，カラーコーンの数を減らし，1色から始めるようにするとよいと思います。

　数が多いと集中できない子の場合には，カラーコーンを1つずつ渡すようにしていくことで集中して取り組める可能性が高まります。

色・形―概念理解

41 キャンディスティック入れ遊び

 ねらい 色認知，目と手の協応，指先の動き（つまむ）を育む

 材料 キャンディスティック，調味料ボトル

ボトルにストンと入れて色分け遊び！

■作り方

1 調味料ボトルを装飾する。

購入したキャンディスティックの色に合わせて，ボトルにもテープやマジックで同じ色の装飾をしていく。

特にボトルの指定はないが，キャンディスティックが入るだけの高さがあること，キャンディスティックが入る大きさの穴が蓋部分に空いていることを確認して購入する。

■学び方（遊び方）

キャンディスティックと同じ色の装飾をしてあるボトルに，キャンディスティックを入れて遊んでいきます。

主に色分け遊びとして活用できますが，細いキャンディスティックを入れて遊んでいくことで，指先のつまむ動きの練習や，目と手の協応遊びとしても活用できます。

手先が不器用でうまく入れることができない子の場合には，穴の大きいボトルを選択したり，開け方が2通りあるものを選択したりして難易度を調整しましょう。

色・形―概念理解

42　お花へGO！

ねらい　色認知，目と手の協応，指先の動き（つまむ），指先の力を育む

材料　ダンボール，色画用紙，木製洗濯ばさみ，チョウチョのシール（自作でもよい），ラミネートフィルム

■作り方

1　ダンボールをカットする。
　丸めの花の形になるようにカットする。

2　画用紙を貼る。
　使うチョウチョの色に合わせて画用紙をダンボールに貼り，花を作る。

3　木製洗濯ばさみにチョウチョをつける。
　チョウチョのシールがある場合には，ラミネートして木製洗濯ばさみに貼り付ける。シールがない場合には，画用紙などでチョウチョを作りラミネートして貼り付ける。

■学び方（遊び方）

　花の色と同じ色のチョウチョを花につけて遊んでいきます。

　色分け遊びとして活用できるだけでなく，木製洗濯ばさみをつけていくことで，指先のつまむ動きの練習や指先の力をつける遊びとしても活用できます。

　うまくつけることができない子の場合には，大人が一緒につけるようにする，もしくは，花の上にチョウチョを乗せるだけでも色分け遊びとして活用できます。

色・形—概念理解

43 ストローで髪型遊び

ねらい 色認知，指先の動き（つまむ，押し込む），指先の力を育む

材料 ダンボール，ストロー（細いタイプ），色画用紙

色合わせしながら
いろんな髪型にしちゃおう！

■作り方

1 ダンボールをカットする。
　ダンボールはストローをなるべく多く差し込めるようにするため，四角くカットする。

2 ダンボールに画用紙を貼る。
　ストローと同じ色の画用紙を貼る。
　顔はダンボールの穴が頭の位置になるようにする。デザインは好みでよい。

3 ストローをカットする。
　特に長さの指定はないが，ダンボールとのバランスを見て長さを決める。

■学び方（遊び方）

　顔と同じ色のストローをダンボールの穴に差し込んで髪の毛を作って遊びます。
　基本は色分け遊びとして使うことが目的ですが，ダンボールの穴とストローの幅がぴったりに近い程，ストローを押し込む力が必要になるため，指先のつまむ動きや指先の力をつけることに役立ちそうです。
　同じものをもう1セット作り，大人が作った形と同じ形の髪型にするようにしていくことで，視覚認知を促す遊びとしても活用できそうです。

色・形―概念理解

44 スノーブロックでプラステン

ねらい 色認知，目と手の協応を育む

材料 スタンド，角材，スノーブロック

上手に通して色分けしよう！

■作り方

1 角材をカットする。
スタンドの長さに合わせてカットした角材を2本用意する。
角材の高さは特に指定はないが，なるべくスタンドの高さと同じ高さになるとよい。

2 スタンドと角材を接着する。

＊1，2のままでも使えるが，スタンド部分を着色すると，視覚的なヒントになりやすい。

■学び方（遊び方）

スノーブロックをスタンドにさして遊んでいきます。
同じ色のスノーブロックを合わせてさし込んでいくことで，色分け遊びとして活用できますし，目と手の協応した動きの練習としても活用できます。
色分けが難しい子の場合には，まずスタンドに差し込むことから始め，無理なく差し込めるようになってから色分け遊びをしていくようにしましょう。

色・形―概念理解

45　フルーツカップで色分け

ねらい　色認知，目と手の協応を育む

材料　スポンジシート（4㎜厚），フェルトボール

可愛いフルーツに同じ色のボールを入れよう！

■作り方

1　スポンジシートを切る。
　各フルーツの形になるようにスポンジシートを切る。
　同じ形で3セット用意し，2セットはくり抜く。葉の部分も用意する。

2　スポンジシートを貼り付ける。
　3セットを貼り合わせてカップのような形になるようにする。葉は，3セットを貼り合わせる際の2セット目の貼り付けの際に一緒に貼り付けるとよい。

■学び方（遊び方）

　スポンジシートでできたフルーツカップの中に，同じ色のフェルトボールを入れて遊んでいきます。
　色分け遊びをしつつ，フルーツの色への認識を高めることに役立ちそうです。
　フェルトボールの大きさを変化させることで指先を使った遊びとしても難易度を変化させることができます。また，トングや箸などを使ってフェルトボールを掴むことで，道具操作の練習としても活用できます。

色・形—概念理解

46 恐竜エサやり遊び

ねらい 色認知，目と手の協応を育む

 材料 ダンボール，プールスティック，テープ

■作り方

1　ダンボールにテープを貼る。
　恐竜の形になるようにテープを貼っていく。
2　ダンボールをくり抜く。
　テープを貼った上から，恐竜の口にあたるところをくり抜く。
　幅の指定はないが，写真では20㎜程度の幅でカットしてある。
3　プールスティックをカットする。
　くり抜かれた部分に入る幅でカットする。

■学び方（遊び方）

　プールスティックを恐竜のエサに見立てて，同じ色の恐竜に食べさせて遊んでいきます。
　恐竜の口の部分の方向を変化させて作ることで，プールスティックの入れ方を変えて入れなくてはならないので，色認知のほか，注意集中力や手のいろいろな使い方を学ぶことにも活用できそうです。
　うまく入れることができない子の場合には，穴の大きさを大きくしたり，穴の方向を統一したりすると入れやすくなり，色分け遊びに集中しやすくなると思います。

色・形―概念理解

47　カラーおはじき仕分け

ねらい　色認知，指先の動き（つまむ，押し込む），目と手の協応を育む

材料　ケース（3つの仕切りがあるもの），カラーおはじき，ジョイントマット，フェルト

■作り方

1　ジョイントマットをカットする。
　ケースの仕切りに合わせてカットする。サイズがぴったりだと取り外しにくくなるため，数mm程度隙間が空くようにする。

2　ジョイントマットとケースにフェルトを貼る。
　ジョイントマットと同じ大きさにカットしたフェルトを貼り付ける。

3　ジョイントマットに切れ込みを入れる。
　おはじきが差し込めるように，おはじきの大きさに合わせて切れ込みを入れる。

■学び方（遊び方）

　ジョイントマットの色と同じ色のおはじきを差し込んでいきます。全部差し込めたら，ケース内に貼られているフェルトと同じ色のところにジョイントマットを入れていきます。

　色分けなどが難しい子の場合には，特にフェルトなどを貼らずに差し込むだけにすることで，指先の動き（つまむ，押し込む）に集中して取り組むことができると思います。

　差し込むおはじきの大きさを変化させることで，指先を使う動きの難易度を調整することができます。

色・形―概念理解

48 プールスティックでプラステン

動画

 ねらい　色認知，目と手の協応を育む

材料　プールスティック（色の数は好みでよい），板，丸棒（長さ450mm×直径20mm）

プールスティックを通して色分けしていこう！

■作り方

1　丸棒を切る。
　約150mm程度の長さに切る。この長さに切ることで3本同じ長さのものができる。

2　板に丸棒を固定する。
　プールスティック同士が重ならないように丸棒同士の間隔を確認しながら，ボンドや接着剤で板に固定する。
　裏から釘で固定しておくと強度が増す。

3　プールスティックを切る。
　約30mmの厚さで切る。

■学び方（遊び方）

　プールスティックを，丸棒に色分けしながら差し込んで遊んでいきます。
　基本は，同じ色のプールスティックを合わせて色分け遊びとして活用できます。
　見本図版などを作り，見本と同じ配列になるようにしていくことで，視覚認知を高める遊びとしても活用できそうです。
　色分けが難しい子の場合，最初は2色から始め，大人の指さしに合わせて入れるようにしたり，子どもの注目を引きつつ後方から誘導したりすることから始めるとよいです。

色・形―概念理解

49 棒アイス始めました

ねらい 色認知，目と手の協応を育む

 材料 プールスティック，トイレットペーパーの芯

おいしいアイスできるかな？

■作り方

1 プールスティックを切る。
　約20㎜程度の幅で，真ん中の穴を残しつつ，長細くなるように切る。

2 トイレットペーパーの芯でアイス棒を作る。
　プールスティックの穴の大きさに合わせて，トイレットペーパーの芯を丸める。

3 プールスティックを固定する。
　各色のプールスティックを，トイレットペーパーの芯で作ったアイス棒に1つだけ固定する。

■学び方（遊び方）

　アイス棒に固定されているプールスティック（アイス部分）と同じ色のプールスティックをアイス棒に通していき，アイスを完成させて遊んでいきます。

　アイスを作る遊びをしつつ，色分け遊びとして活用できます。

　2セット作ったり，見本図版を作ったりしておけば，大人が作ったアイスと同じ配色のアイスを作る遊びもでき，視覚認知を高める遊びとしても活用できます。

色・形―概念理解

50　カラー丸棒さし

ねらい　色認知，指先の動き，目と手の協応を育む

材料　プールスティック，丸棒（直径20mm程度），ダンボール

同じ色のところにスッと差し込もう！

■作り方

1　プールスティックを切る。
　真ん中の穴を中心に四角く切る。幅は特に指定はない。

2　丸棒を切る。
　取り外しをしやすくするため，プールスティックの幅より数mm長く切る。

3　丸棒に色をつける。
　プールスティックと同じ色にする。

4　ダンボールに固定し土台を作る。
　プールスティックをダンボールに固定する。

■学び方（遊び方）

　土台のプールスティックと同じ色の丸棒をプールスティックの穴に差し込み遊んでいきます。

　主に色分け遊びとして活用できます。

　うまく色分けができない子の場合，色の数を減らしたものから始めることで成功体験が積みやすくなります。

　丸棒を操作することで，指先の動きや目と手の協応の遊びとしても活用できるので，色分けができない段階の子どもでも遊べます。

色・形―概念理解

51　スティック色分け

ねらい　色認知，指先の動き，目と手の協応を育む

　材料　アイススティック，プールスティック，ダンボール，ケース

アイススティックをプスっとさして色分けしよう！

■作り方

1　プールスティックを切る。
　長さは特に指定はない。
　縦半分にも切り，アイススティックが差し込めるよう切れ込みを入れる。
2　ダンボールにプールスティックを貼り付けて土台を作る。
　両面テープや接着剤で固定する。
3　アイススティックを着色する。
　絵の具やマジックなどで着色する。

■学び方（遊び方）

　土台のプールスティックと同じ色のアイススティックを差し込んで遊んでいきます。
　色分け遊びとして活用しつつ，指先の動きや目と手の協応の遊びとしても活用できます。
　色の認識が未熟な子の場合，1色から始めるようにすると取り組みやすいです。
　「赤を○本」など口頭で伝え対応する数のアイススティックを差し込んでもらうようにすれば，ことばの理解や数への認識を高める遊びとしても活用できそうです。

色・形―概念理解

52　カラフルクジャク

ねらい　色認知，指先の動き（つまむ），指先の力を育む

材料　紙皿，洗濯ばさみ，丸シール

同じ組み合わせでつけて
キレイなクジャクを作ろう！

■作り方

1　紙皿を半分に折り曲げる。

　半分にするのは強度を高めるためなので，折り曲げず，紙皿を半分に切って貼り合わせても問題ない。

2　紙皿を装飾する。

　紙皿にクジャクの絵を描き，外側に洗濯ばさみと同じ色のペンやシールで印をつける。

　もう少し難易度を上げる場合には，洗濯ばさみにさらにシールを貼り，紙皿にも同じ配色になるように印をつける。

■学び方（遊び方）

　紙皿の外側の印に合わせて洗濯ばさみをつけ，クジャクを作って遊んでいきます。

　指先の動き（つまむ）の練習や指先の力をつけることが目的の場合には，印を単色にして自由につけて遊ばせるようにするとよいです。

　色をつけたり，二重にしたりすることで，指先の動きの練習をしつつ，色分け遊びやより難易度の高い認知遊びとして活用できます。

　自分で洗濯ばさみをつけることが難しい子の場合には，大人が一緒に洗濯ばさみを開く動きを誘導するとよいです。

色・形

色・形―概念理解

53　お薬ポケットマッチング遊び

ねらい　形認知，色認知，指先の動きを育む

材料　お薬ポケット，画用紙

形をよーく見て合わせよう！

■作り方

1　画用紙をカットする。
　お薬ポケットのポケットに入る大きさで画用紙をカットする。縦の長さは取り出しやすくするため，少しポケットからはみ出すくらいにする。

2　画用紙に絵を描き込む。
　果物や野菜など様々なものを描き込む。輪郭はなるべく描かないようにする。

3　お薬ポケットに輪郭を描き込む。
　画用紙に描いたものの輪郭をお薬ポケットにマジックで描く。

■学び方（遊び方）

　お薬ポケットに描かれた果物や野菜の輪郭に合わせて，画用紙をポケットに入れてマッチングして遊んでいきます。

　うまく入れることが難しい子の場合には，画用紙の厚みを厚くしたり，画用紙の幅を短くすると入れやすくなります。

　果物や野菜の形にマッチングできない子の場合には，色のみでマッチングできるようにすると難易度を下げることができます。入れていく遊びだけでも指先の遊びとして活用できます。

色・形―概念理解

54 スポンジシートで形マッチング

ねらい 形認知を育む

材料 スポンジシート（4㎜厚），ダンボール，DL06 を印刷したもの

■作り方

1　スポンジシートを切る。
　DL06 をダウンロード，印刷し，型紙を用意する。各形にスポンジシートを切る。
　中心部分を切る際は，隙間ができるように切るとよい。

2　ダンボールにスポンジシートを貼り付けて土台を作る。
　切り取った中心部分をダンボールに貼り付ける。
　完成形をイメージし，スポンジシート同士が重ならないように間隔を開けて貼り付ける。

■学び方（遊び方）

　土台に貼り付けてあるスポンジシートの形と同じ形のスポンジシートを合わせて遊んでいきます。

　土台にスポンジシートが貼り付いていることで子どもが形分けする際のガイドになるため，形認知が未熟な子でも取り組みやすく，違いに気づきやすいです。

　作る形を非対称の形にすることで，より難易度を上げて子どもに取り組んでもらうこともできそうです。

色・形―概念理解

55　スポンジシートで形通し

ねらい　形認知，目と手の協応，両手の動きを育む

材料　スポンジシート（4mm厚），ひも，スポンジシート（2.5mm厚，白）

■作り方

1　スポンジシートを切る。

　スポンジシートをそれぞれの形に切る。

　2枚を貼り合わせるため，必要な個数の倍の個数を切って作成する。

2　スポンジシートを貼り合わせる。

　同じ色・形のスポンジシート2枚を貼り合わせる。

3　スポンジシートに穴を開ける。

　穴あけポンチなどで穴を開ける。

4　ひもにスポンジシートを貼り付ける。

　スポンジシートに形を描き込む。

■学び方（遊び方）

　ひもについているスポンジシートに描いてある形と同じ形のスポンジシートをひもに通して遊んでいきます。

　形分けをしつつ，ひも通しをしていくことで，形認知を高めながら，目と手の協応や両手の動きを高める遊びとしても活用できます。

　うまく分けることができない子の場合，ひも通しはせずに同じ形同士で分ける遊びから始めることで，形への認識を高めることに集中できると思われます。

色・形―概念理解

56　形分けプラステン

動画

ねらい　形認知，目と手の協応を育む

材料　ダンボール，トイレットペーパーの芯，スポンジシート（4mm厚），画用紙

形を見比べて，上手に通すことができるかな？

■作り方

1　ダンボールにトイレットペーパーの芯を貼り付ける。

　トイレットペーパーの芯は，各形にして画用紙を貼ってからダンボールに貼り付ける。

　ダンボールについても先に画用紙を貼る。見た目を気にしない場合は画用紙は貼らなくてもよい。

2　スポンジシートをカットする。

　トイレットペーパーの芯の形に合わせてスポンジシートをカットし，同じ色・形のものを2枚貼り合わせる。

■学び方（遊び方）

　トイレットペーパーの芯の形に合わせて，同じ形のスポンジシートを入れて遊んでいきます。

　形認知を促すとともに，目と手の協応を高める遊びとしても活用できそうです。

　形を見分けることが難しい子の場合には，1つの形から入れるように促し，徐々に形の種類を増やすようにするとよいです。

　うまく入れることができない子の場合には，トイレットペーパーの芯の大きさより余裕をもってスポンジシートをくり抜くとよいです。

色・形

色・形―概念理解

57　角材形分けプットイン

ねらい　形認知，目と手の協応を育む

材料　角材（幅の違うものを用意），ケース（蓋の加工がしやすいもの），マスキングテープ

■作り方

1　角材を切る。
　切る長さに指定はないが，形分けをする際に，対象の形以外の場所に入ってしまわない程度の長さに調整する。

2　ケースの蓋をくり抜く。
　切った角材に合わせてくり抜く。
　くり抜いた部分にはテープを貼っておくと，目印になりやすく，怪我防止としても役立つ。

3　角材にマスキングテープを巻く。
　見た目をきれいにするために巻いているが，必要なければ巻かなくてもよい。

■学び方（遊び方）

　ケースに開いた穴を見て，同じ形の角材を選び入れていきます。

　形の違う角材をよく見て入れていく必要があるので，形の違いに対しての注目や認識を高めることに役立ちます。

　形認知が未熟な子の場合，1つの形に入れることから始め，まずは入れる向きなどに注目ができるようにしていくことで，段階的に進めることができると思われます。

色・形―概念理解

58　ストロー型はめ

ねらい　形認知を育む

材料　ダンボール，ストロー

同じ形のところにストローをはめ込もう！

■作り方

1　ダンボールにストローを貼り付ける。
　ストローをつなげて形を作り，ダンボールに貼り付けていく。外側と内側に貼り付けて枠を作るため，同じ形でも大きさの違うものを作り，貼り付けていく。

2　色をつける。
　貼り付けたストローの内側に色をつける。

3　ストローで形を作る。
　貼り付けたストローのちょうど中間の大きさになるようにストローをつなげて形を作る。

■学び方（遊び方）

　土台に貼られたストローの形と同じ形のストローを合わせて遊んでいきます。

　形の認識が未熟な子の場合には，まず枠の中にはめ込むことから始めるようにするため，1つの形から始めるようにするとよいです。

　うまく枠内にはめ込むことが難しい子の場合には，枠の幅を広くすることで，はめ込みやすくなります。反対に枠の幅を狭くすることで，目と手の協応した動きがより必要になるので難易度を上げることもできます。

色・形—概念理解

59 アイススティック形合わせ

 形認知を育む

材料 アイススティック，スポンジシート

■作り方

1　スポンジシートを切る。
　型紙に合わせて，スポンジシートを各形に切る。

2　アイススティックにスポンジシートを貼り付ける。
　接着剤などでアイススティックにスポンジシートを貼り付ける。

3　アイススティックの幅に合わせてスポンジシートを切る。
　アイススティックの幅に沿ってカッターでスポンジシートを切る。

■学び方（遊び方）

　アイススティックに貼ってあるスポンジシートを並べ替えながら，形を作るようにして遊びます。

　基本的な形（丸，三角，四角）になるように作ってあるので理解しやすく，完成形を意識しながらアイススティックを並べ替えていくことで，形の理解をより深めることに活用できそうです。

　遊び始めたばかりの子の場合，ダンボールなどを使い，もっと幅を広くすると，取り組みやすくなるかと思います。

色・形―概念理解

60　トランプで認知遊び

ねらい　形認知，目と手の協応を育む

材料　トランプ，空き箱

■作り方

1　空箱に色をつけるまたはテープを巻く。
2　空箱に切れ込みを入れる。
　空箱はトランプが入る高さがあるものを用意する。
　トランプが入る程度に切れ込みを入れる。
　同じ方向だけでなく，いろいろな方向に切れ込みを入れる。
3　トランプのマークを描き込む。
　各切れ込みの前にトランプのマークを描き込んでいく。

■学び方（遊び方）

　描き込まれたトランプのマークと同じマークのトランプを入れて遊んでいきます。
　基本は，同じマークに入れることで形認知の遊びとして活用できますが，切れ込みの方向を変えておくことで，いろいろな手の使い方も経験することができます。
　形認知が未熟な子の場合には，赤か黒の色分け遊びから始めるとよいです。うまく入れることが難しい子の場合には，切れ込みの幅を広めにすることで，トランプを入れやすくなり，形分け遊びに集中しやすくなります。

色・形—概念理解

61 チェーンリング形分け

動画

 ねらい 形認知を育む

材料 チェーンリング（様々な形の入っているもの），ケース（仕切りがあるもの），ポリスチレンフォーム，シール

同じ形のところにどんどん仕分けしていこう！

■作り方

1 ポリスチレンフォームをカットする。
　ケースの幅に合わせてカットする。もう一方の長さは，20〜30mm程度でよい。高さは，ケースの蓋が閉まる程度にする。

2 ポリスチレンフォームにシールを貼る。
　チェーンリングの形をシールに描き，ポリスチレンフォームに貼り付ける。シールがない場合は，直接描いてもよい。
　ポリスチレンフォームの裏面は色を塗っておくと色認知の用途で使える。

■学び方（遊び方）

　描かれている形に合わせて，同じ形のチェーンリングをケースに仕分けして遊んでいきます。
　上手に仕分けができる子については，ピンセットなどを使い仕分けをしていくことで，指先遊びや道具操作の練習もしつつ遊ぶことができます。形認知が未熟な子の場合には，色分け遊びに変更して遊ぶことも可能です。
　色に惑わされてしまう場合には，単色で形分けをすることから始めると，より形に注目して仕分けをすることができると思います。

色・形―概念理解

62　ケースパズル遊び

ねらい　形認知（大きさ），目と手の協応，注意集中力を育む

材料　ケース（仕切りを自由に設定できるもの），ポリスチレンフォーム，フェルト

どこにピッタリはまるかな？

■作り方

1　ケースの仕切りを固定する。
　仕切りの幅を決めて接着剤で固定する。

2　ポリスチレンフォームをカットする。
　ケースの仕切った幅に合わせてカットする。後でフェルトを貼るため，ぴったりすぎると出し入れが難しくなるので，少し隙間ができるようにカットする。

3　フェルトを貼る。
　お好みのフェルトをポリスチレンフォームに貼る。フェルトボールもつけると取り出しやすくなる。

■学び方（遊び方）

　仕切られたケースの幅と同じ幅のものを入れて遊んでいきます。

　大きさをよく見ないとすべて入れることができないので，大きさを見比べる力を養うことに役立ちそうです。さらに，ケースに入れていく際にしっかりと仕切りに合わせて入れていく必要があるので，目と手の協応や注意集中力を養うことにも役立ちそうです。

　うまく大きさの比較ができない子の場合には，まず同じ大きさのものをケースに入れることから始めるとよいです。

色・形―概念理解

63 カラフル積み木で大きさ遊び

ねらい 形認知（大小の概念理解），色認知，目と手の協応（力加減のコントロール）を育む

材料 角材各種（大きさの違うもの）

積んで、並べて大きさ比べ！

■作り方

1 角材を切る。
　各角材の長さに合わせて立方体になるように切っていく。

2 角材に色をつける。
　特に色の指定はないが，子どもの興味をひきやすい色を選択する。

■学び方（遊び方）

　大きさの違う角材を順番に並べたり，同じ大きさの角材同士を集めたりして遊びます。
　角材同士の大きさを比較しながら遊ぶことで，大小の概念理解を促す遊びとして活用できそうです。
　角材に色がついていることで，色分け遊びとしても活用できますが，視覚的なヒントとしても活用できます。縦に積んでいくようにすることで，目と手の協応や力加減のコントロールの練習としても活用できます。

色・形―概念理解

64 スポンジシートで色・形マッチング

ねらい 色認知，形認知，指先の動きを育む

 材料 ジョイントマット，道具箱ケース，スポンジシート，アイススティック

同じ色と形のところにさして遊ぼう！

■作り方
1　ジョイントマットをケースに合わせて切る。
2　アイススティックに色をつける。
　　写真は油性マジックで色をつけている。
3　スポンジシートを切る。
　　形や色の指定はない。基本的なもので，対照的な形のものやわかりやすい色を使用する。同じものを2つ作る。
4　アイススティックとジョイントマットに，スポンジシートを貼り付ける。
5　ジョイントマットに切れ込みを入れる。

■学び方（遊び方）
　ジョイントマットに貼り付けたスポンジシートの色と形とアイススティックにつけたスポンジシートの色と形を見比べて同じ色と形の場所に差し込んでいきます。大人が近くで指導する場合には，「○○色」や「○○の形」など声かけすることで，色や形への意識を高めつつ進めることができます。色と形どちらも意識する必要があるため，どちらかに集中して取り組ませたい場合には，土台にスポンジシートを貼らず，形を描いたり，色をつけておいたりすると難易度を下げられます。

空間・位置―概念理解

65 マスキングテープで認知遊び

動画

 空間・位置関係の認知を育む

材料　マスキングテープ、トイレットペーパーの芯、ダンボール

可愛いマスキングテープを
たくさん重ねて遊ぼう！

■作り方

1　トイレットペーパーの芯を丸める。
　トイレットペーパーの芯を縦に切って、マスキングテープが通せる太さに丸める。
2　トイレットペーパーの芯をダンボールに固定して土台を作る。
3　見本図版を作る。
　紙にマスキングテープをランダムに貼り見本図版を作成する。

■学び方（遊び方）

　見本を見ながら、同じ配色になるようにマスキングテープを土台に通して重ねて遊んでいきます。

　見本と同じようにマスキングテープを重ねていくことで、空間・位置関係の認知を高めることに役立ちます。

　理解が未熟な子の場合、重なるマスキングテープの数を減らして段階的に増やしていくなど、子どもの理解度に合わせて進めていくとよいです。ひも通しの形にして行うと、違った遊びとして応用することもできます。

空間・位置―概念理解

66 トレイでボンボン遊び

ねらい 空間・位置関係の認知，目と手の協応，注意集中力を育む

材料 アクセサリー収納用トレイ，フェルトボール

■作り方

1　見本図版を作成する。

　物品自体の加工作業はない。

　アクセサリー収納用トレイとフェルトボールを，大きさを確認して購入する。

　トレイの枠と同じ大きさのフェルトボールが理想だが，トレイの中に入れば問題ない。

＊フェルトボールの数を少ないものから徐々に増やしていくことで難易度を変化させることができる。

＊単色から始められるようにすることでも難易度の調整が可能である。

■学び方（遊び方）

　見本図版に合わせて，アクセサリー収納用トレイにフェルトボールを入れて遊んでいきます。

　フェルトボールの位置や色を見ながら入れていく必要があるため，空間・位置関係の認知や目と手の協応，注意集中力を養うことに役立ちます。

　単色で，数の少ない見本図版から始めるようにすると取り組みやすいです。

　トングなどを使って遊ぶようにすると，道具操作の練習にも活用できます。

空間・位置―概念理解

67　すのこ遊び

動画

ねらい　空間・位置関係の認知，目と手の協応を育む

 材料　ソフトシンクすのこ，フェルトボール，DL07 を印刷したもの

■作り方

1　すのこを切る。

　柔らかめの素材のため，カッターやハサミで切ることができる。

　今回は穴の数が5×5になるように切ったが，お好みで増やしても問題ない。

2　見本図版を作成する。

　DL07 をダウンロード，印刷して，見本図版を作成する。

■学び方（遊び方）

　見本図版を見つつ，見本と同じになるように，すのこの穴の上にフェルトボールを置いて遊んでいきます。

　フェルトボールを置く位置や色を確認しつつ置いていく必要があるため，空間・位置関係の認知を高める遊びとして活用できます。

　トングや箸などを使い遊ぶことで，視覚認知遊びもしつつ道具操作の練習としても活用できます。フェルトボールの代わりにビー玉でも遊ぶことができます。

空間・位置—概念理解

68 色合わせ遊び

動画

 ねらい　空間・位置関係の認知，色認知，目と手の協応を育む

材料　カラーおはじき，プラスチックダンボール

よーく順番を考えて遊ぼう！

■作り方

1　プラダンをカットする。
　プラスチックダンボール（以下プラダン）を同じ大きさに2枚カットする。
　1枚は，カラーおはじきが通る幅で画像のようにくり抜く。

2　プラダンを貼り合わせる。
　プラダン同士を接着剤で貼り合わせる。
　内側の細い部分はズレやすいので，メダルが通る幅が確保できるように貼り付ける。

3　見本図版を作成する。
　見本図版をいくつか作成しておく。

■学び方（遊び方）

　見本図版に合わせて，カラーおはじきを順番を考えながら動かし，見本図版と同じ位置になるようにして遊んでいきます。空間・位置関係の認知を促しつつ，目と手の協応を高めることにも役立ちます。

　順番を考えながら進めることが難しい子の場合には，カラーおはじきを枠から出した状態で始め，見本図版と同じ場所に並べることから始めたり，おはじきの数を減らして順番に動かすイメージがつくようにしたりしてから，徐々に難易度を上げていくとよいです。

空間・位置―概念理解

69 くるくるボール遊び

 空間・位置関係の認知，目と手の協応を育む

材料　卵ストッカー，ピンポン玉（白）

くるくるボールを回して遊ぼう！

■作り方

1　ピンポン玉に色をつける。
　ピンポン玉にマジックで色をつけていく。
　ピンポン玉を回転させた際に，1色だけが上から見えるようにする。

2　見本図版を作成する。
　ピンポン玉に色をつけた配色と同じ配色で見本図版を作成する。

■学び方（遊び方）

　卵ストッカーに入っているピンポン玉をくるくる回しながら，見本図版と同じ配色になるようにして遊んでいきます。

　空間・位置関係の認知を促しつつ，指先を使った目と手の協応を高める遊びとしても活用できます。

　見本通りにすることが難しい子の場合には，まず同じ色だけをそろえていくように促したり，1色ずつ大人と確認しながら遊んだりして，遊び方の理解が深まるようにしていくとよいと思われます。

空間・位置―概念理解

70 スプーン・フォーク仕分け

ねらい 空間・位置関係の認知，形認知，色認知を育む

材料 木製のスプーン・フォーク，食器収納用のケース

よーく見て，同じところに置けるかな？

■作り方

1　木製スプーン・フォークに色をつける。
　油性マジックや絵の具で色をつける。
　色の指定は特にないが，子どもが興味をもちそうな色を選択する。

2　見本図版を作成する。
　色をつけたスプーン・フォークの色に合わせて，見本図版を作成する。
　配置や方向を変化させながら作成する。

■学び方（遊び方）

　見本図版を見ながら，食器収納用ケースに色をつけたスプーンとフォークを見本図版と同じになるように並べていきます。色のバリエーションが多い程，難易度を上げることができます。スプーンやフォークの向きを変化させることで色・形だけではなく空間・位置関係の認知を高めることにもつながります。

　色をつけなかったり，スプーンかフォークどちらかだけに色をつけたりすることで，色・形のどちらかだけに注目してもらえるようにすることもできます。

空間・位置―概念理解

71　ドミノで太陽さん

ねらい　空間・位置関係の認知，目と手の協応，色認知を育む

材料　ダンボール，ドミノ，フェルト

太陽さんの光に合わせて上手に手を使って入れよう！

■作り方

1　ダンボールをカットする。
　同じ大きさのものを2枚用意する。
2　ダンボールをくり抜く。
　1枚のダンボールにドミノと同じ大きさの枠をくり抜く。真ん中が太陽になるので，丸の周辺をくり抜くようにする。
3　ダンボールを貼り合わせる。
4　フェルトで装飾する。
　ダンボールのくり抜いた部分にもドミノと同じ色をつける。

■学び方（遊び方）

　太陽の光に合わせてくり抜かれた部分にドミノをはめ込んで遊んでいきます。
　くり抜かれた場所は少しずつ向きが変わっているため，その部分に合わせてドミノをはめ込んでいくことで，空間・位置関係の認知の練習のほか，目と手の協応として活用できそうです。
　さらに色を合わせてはめ込んでいくことで，色認知遊びとしても活用できそうです。
　うまくはめ込むことができない子の場合には，くり抜く大きさを大きくするとよいです。

空間・位置―概念理解

72 缶ストッカー遊び

ねらい 空間・位置関係の認知，目と手の協応を育む

材料 缶ストッカー，ボール

順番を考えながらボールを入れられるかな？

■作り方

1 見本図版を作成する
　缶ストッカーにどの色のボールをどの順で入れるかわかるようにする。

　物品自体の加工作業はない。
　缶ストッカーに入る大きさのボールを購入する。

■学び方（遊び方）

　缶ストッカーにボールを入れて遊びます。
　見本図版などを用意して，見本と同じ並びでボールを入れてもらうようにすることで，ボールの重なっている順番や位置を意識しながら遊ぶことができ，空間・位置関係の認知を養う遊びとして活用できます。
　ボールを入れて遊んでいくだけなので，幼児期のお子さんにも使うことができます。
　うまく入れることができない子の場合には，ルールが理解できるように見本図版と照らし合わせ，ゆっくり教えるようにしてください。

空間・位置―概念理解

73　シートさんで認知遊び

ねらい　空間・位置関係の認知を育む

 材料　スポンジシート（2.5mm厚），目玉シート，DL08 を印刷したもの

上手にシートさんを配置しよう！

■作り方

1　スポンジシートを切る。
　1辺が50mmの長さの正方形を作る。

2　スポンジシートに顔を描く。
　目玉シートがあれば貼り付けて顔を完成させる。目玉シートがない場合は，マジックで描けばよい。
　顔は，DL08 をダウンロードして同じ顔になるように作る。

3　見本図版と土台を作成する。
　ダウンロード，印刷した DL08 を使用して作成する。

■学び方（遊び方）

　見本図版を見ながら，同じ色と表情のシートさんを探し，見本図版と同じ位置にシートさんを置いて遊んでいきます。

　シートさんの色や表情に注目しつつ，見本図版と同じ位置に置いていくことで，空間・位置関係の認知を高める遊びとして活用できます。

　うまく見本通りにできない子の場合，表情は描かずに色のみの情報にして，同じ位置に置いていくことから始めたり，土台の枠数を減らしたりすると取り組みやすくなります。

空間・位置―概念理解

74 角材マッチング

ねらい 空間・位置関係の認知，目と手の協応，指先の動きを育む

材料 ケース（角材が入る大きさのもの），角材（30mm×30mm），丸シール

ピタッとはめて遊ぼう！

■作り方

1 角材にヤスリがけをする。
　木材で怪我をしないように角にヤスリがけをする。

2 角材に色をつける，またはシールを貼る。
　色をつけたり，子どもが興味をもっているキャラクターなどのシールを貼ったりする。

3 ケースにシールを貼る。
　角材と同じシールをケースに貼る。
　見本図版などを使う場合にはケースにシールを貼らなくてもよい。

■学び方（遊び方）

　角材に貼られたシールや塗られた色を見ながら，ケースの同じシールが貼られている場所に角材を入れて遊んでいきます。同じ場所に入れていくことで，空間・位置関係の認知を促す遊びとして活用できます。
　見本図版を使い，見本と同じ位置に入れていくようにすることで，より難易度の高い空間・位置関係の認知として活用できます。
　ケースに角材を入れていくことで，指先の動き，目と手の協応などを高める遊びとしても活用できそうです。

空間・位置—概念理解

75　プラダン遊び

 ねらい　空間・位置関係の認知を育む

材料　プラスチックダンボール，スポンジシール（普通のシールでもよい），ケース，ラミネートフィルム

■作り方

1　プラダンをカットする。
　多色のプラスチックダンボール（以下プラダン）をカットする。
　特に大きさの指定はないが，後でスポンジシールが2枚貼れる程度の大きさにする。

2　プラダンにスポンジシールを貼る。
　プラダンの両端に貼る。なるべく同じパターンにならないように貼り付ける。

3　コピーをとり，土台を作る。
　プラダンを並べてコピー機でカラーコピーする。ラミネートをするとより丈夫になる。

■学び方（遊び方）

　土台に並んでいるプラダンを見て，同じ配色のプラダンを合わせて遊んでいきます。
　向きや位置も見つつ進める必要があるので，空間・位置関係の認知を育む遊びとして活用できそうです。
　うまく同じものを見つけることができない子の場合には，スポンジシールを貼らず同じ色のプラダンを探して合わせるところから始めたり，スポンジシールを1つだけつけた状態から始めたりすると，取り組みやすくなります。

空間・位置―概念理解

76 ヘアゴム仕分け

ねらい 空間・位置関係の認知，指先の動き（つまむ，ひっぱる），両手の動きを育む

材料 ヘアゴム（小さめのもの），丸棒，ケース（仕切りがあるもの），ジョイントマット

■作り方

1　丸棒をカットする。
　ケースの長さに合わせてカットする。

2　ジョイントマットをカットする。
　ケースの幅に合わせてジョイントマットをカットする。丸棒がさせるように穴を開け，ケースに貼り付ける。

3　見本を作る。
　完成した形の見本や写真を作成する。
　ラミネートしておくと綺麗に管理できる。

■学び方（遊び方）

　見本と同じ配色になるように，丸棒にヘアゴムをかけていき，完成したらケースに入れていく遊びです。

　輪ゴムの位置や順番を確認しつつ進める必要があるので，視覚認知を促す遊びとして活用できそうです。

　ヘアゴムをかけていくことで，指先の動きや両手の動きの練習，指先の力をつけることにも活用できそうです。将来的に仕事としての仕分け作業の練習にも活用できそうです。

空間・位置―概念理解

77　ツンツンビー玉遊び

動画

 空間・位置関係の認知，指先の動き，目と手の協応を育む

材料　フォトフレーム，ソフトシンクすのこ，ビー玉

■作り方

1　すのこを切る。
　フォトフレームに合わせて切る。
2　見本図版を作成する。
3　ビー玉を入れる。
　見本図版のビー玉の数に合わせて入れる。
4　ガラスで蓋をして固定する。
　フォトフレームのガラスを木枠の外側に乗せ，テープで固定することで，装飾と怪我防止になるようにする。

■学び方（遊び方）

　ビー玉を後ろからツンツンしながら移動させて，見本図版と同じ形になるようにして遊びます。

　見本図版と同じ形になるようにしていくことで，空間・位置関係の認知を高める遊びとして活用できそうです。

　さらに，ビー玉を指先を使って移動させる遊びであるため，指先の動きを促すことや目と手の協応の遊びとしても活用できそうです。

　うまくできない子の場合，ビー玉の数を減らして対応するとよいと思います。

空間・位置―概念理解

78　角材パズル

ねらい 空間・位置関係の認知，構成力，目と手の協応，力加減のコントロールを育む

 角材（立方体），ビニールテープ，DL09 を印刷したもの

積んで，並べて認知遊び！

■作り方

1　角材にビニールテープを貼る。
　ビニールテープを角材に貼り付ける。
　ビニールテープがない場合には，マジックや絵の具などで着色してもよい。
2　見本図版を作成する。
　DL09 をダウンロード，印刷して使用する。自分で作ってもよい。

■学び方（遊び方）
　見本図版を見ながら，角材を使って同じ形になるようにして遊びます。
　角材にテープを貼り，色をつけることで，形だけでなくどの位置にどの色があるのかも見ながら形を作る必要があるので，空間・位置関係の認知を高める遊びとして活用できます。
　角材を積んで形を作るようにすれば，目と手の協応や力加減のコントロールを高める遊びとしても活用できます。少ない数から始めることで難易度の調整ができます。

空間・位置―概念理解

79 スポンジシートで構成遊び

ねらい 空間・位置関係の認知を育む

 材料 スポンジシート（4mm厚），ダンボール，毛糸またはひも，DL10を印刷したもの

スポンジシートを並べていろんな形を作っちゃおう！

■作り方

1 スポンジシートを切る。
　型紙に合わせてスポンジシートを各色切っていく。

2 土台を作る。
　DL10 をダウンロード，印刷し，ダンボールに貼り付ける。素材の線に合わせて毛糸や紐を貼り付ける。

3 見本図版を作成する。
　DL10 を使用する。自分で作成してもよい。

■学び方（遊び方）

　見本図版を見ながら，同じ模様になるように，スポンジシートを土台に置いて遊びます。
　スポンジシートで模様を作っていく遊びを通して，空間・位置関係の認知を養うことに活用できそうです。
　うまく構成ができない子の場合，少ない数で構成できる模様から始めると取り組みやすくなるかと思います。
　見本図版を使わずに，大人が作った形を真似して作ってもらうようにしてもよいです。

空間・位置―概念理解

80 通して積んで認知遊び

ねらい 空間・位置関係の認知，目と手の協応を育む

 材料 スポンジシート（4mm厚），プールスティック，丸箸，ストロー，DL11 を印刷したもの

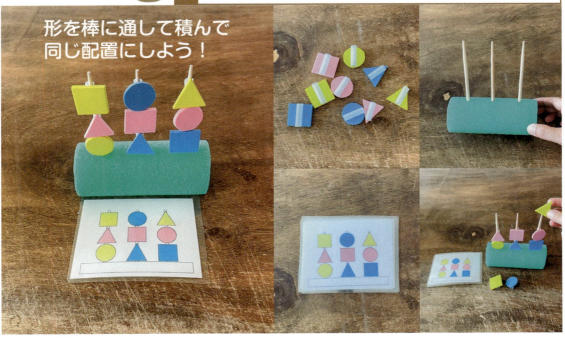

■作り方

1 スポンジシートを切る。
　各形にスポンジシートを切る。
2 スポンジシートにストローを貼り付ける。
3 プールスティックを切る。
　適当な長さに切る。プールスティックが転がらないように一部分だけ平らに切る。
4 プールスティックに丸箸を刺す。
5 見本図版を作成する。
　DL11 をダウンロード，印刷する。自分で作成してもよい。

■学び方（遊び方）

　見本図版を見ながら，同じ配置になるように，スポンジシートを丸箸に通して積んで遊びます。

　同じ配置になるようにしていくことで，空間・位置関係の認知を高める遊びとして活用できそうです。

　色，形も見つつ行うと難易度が高いです。形を1つに統一すると，色のみに集中できるため，難易度を下げて取り組みやすくすることができます。

数—概念理解

81 アイスで数遊び

 数の概念理解，指先の動き，指先の力を育む

 木製洗濯ばさみ，プラスチックダンボール，DL12を印刷したもの，ラミネートフィルム

■作り方

1 アイスの素材を準備する。
　DL12をダウンロード，印刷する。形に合わせて切ったらラミネートする。

2 木製洗濯ばさみを貼り付ける。
　アイス側に木製洗濯ばさみを貼り付ける。写真は右手で操作しやすいように付けているが，左利きの子の場合，反対にしてもよい。

3 プラスチックダンボールを貼り付ける。
　コーンの裏側にプラスチックダンボールを，コーンの上からはみ出るように貼り付ける。

■学び方（遊び方）

　コーンに書かれている数字に合わせて，アイスについているチョコの数が同じものをマッチングして遊びます。

　数字とアイスについているチョコの数を見ながら遊ぶことで数の概念理解を高める遊びとして活用できそうです。

　数の概念理解が未熟な子の場合，アイス側にも数字を書くとマッチングしやすく，視覚的なヒントがあるため，取り組みやすくなるかと思います。また，指先遊びとしての活用もできそうです。

数—概念理解

82　ピックで数遊び

　ねらい　数の概念理解を育む

　材料　バースデイメモリアルピック，ポリエチレンフォーム，丸シール

■作り方

1　ポリエチレンフォームをカットする。

　丸シールを貼り，少しずつ数が増えるようにカットする。

　ピックをさしたときに，下に突き抜けない程度の長さにカットする。

　丸シール1個分のものも用意し，丸シールで数のまとまりも作る。

■学び方（遊び方）

　丸シールに合わせてピックをさして遊んでいきます。

　数字に合わせて同じ数字のついているピックをさす，丸シールの数を数えて対応する数字のついているピックをさす，丸シールのまとまりを見て対応する数字のピックをさすなど，視覚的なヒントがある中で数の概念理解を深めていくことができます。

　最初は，数字が並んでいるものから始めるようにすると，数の概念理解が未熟な子でも取り組みやすいです。

数―概念理解

83 てんとう虫で数遊び

ねらい 数の概念理解を育む

材料 画用紙，丸磁石，粘土，ホワイトボードマーカー，DL13を印刷したもの，ラミネートフィルム

置いたり，描いたりしててんとう虫で数遊び！

■作り方

1　てんとう虫の形を作る。
　画用紙をカットして，てんとう虫の形を作る。このとき，背中の黒い点は作らないように注意する。
　てんとう虫を作ることが苦手な方は，DL13をダウンロードして使用してもよい。

2　ラミネートする。
　台紙などに作ったてんとう虫を貼り付け，ラミネートする。

■学び方（遊び方）

　てんとう虫の背中にある模様の代わりに磁石や粘土を置いたり，ホワイトボードマーカーで描いたりして遊びます。
　数字に合わせて，対応する数の磁石や粘土を置く，ホワイトボードマーカーで描くことで数の概念理解を深めることに役立ちそうです。
　様々な道具を使い遊ぶことができるため，数の概念理解を深める以外に，指先の動きを促したり，道具操作の練習として活用したりすることができそうです。

数―概念理解

84　スイカで数マッチング

ねらい　数の概念理解を育む

材料　ダンボール，DL14 を印刷したもの

■作り方

1　DL14 をダンボールに貼り付ける。
　DL14 をダウンロード，印刷してダンボールに貼り付けカットする。
　丸くカットすることが難しい場合には，長方形にカットしてもよい。

■学び方（遊び方）

　スイカの半分に印刷されている数字と，もう半分に印刷されているスイカの種の数を合わせて1つのスイカを作って遊んでいきます。
　数字と見た目の数をマッチングしていくことで数の概念理解を深める遊びとして活用できます。
　数の概念理解が未熟な子の場合には，少ない数（例えば1〜3まで）から始めるようにすると難易度を下げることができます。数字の下に，視覚的なヒントとして丸を描いておくと取り組みやすくなります。

数—概念理解

85　チョコクッキーで数遊び

　数の概念理解を育む

材料　紙粘土，ジョイントマット（茶色），ジップロック

■作り方

1　紙粘土でクッキーの形を作る。
　紙粘土を使ってクッキーの形を作る。大きさの指定は特にないが，誤飲などの心配がない大きさにするとよい。

2　ジョイントマットを埋め込む。
　チョコレートに見立てたジョイントマットを数が変わるようにクッキーに埋め込む。

3　皿の中央に数字が書かれた台紙を作る。

■学び方（遊び方）

　台紙の皿に描かれている数字を見て，同じ数のチョコ（ジョイントマット）のついているクッキーを皿に乗せて遊んでいきます。
　数字と実際の数を見比べながら遊ぶことで数の概念理解を深めることにつながります。
　口頭指示で「チョコが〇個ついたクッキーください」など指示することで，おままごと遊びをしつつ数の概念理解を深める遊びとしても活用できます。
　ジップロックから取り出すようにすると，指先の動きを促す遊びとしても活用できます。

数―概念理解

86 ダボで数遊び

ねらい 数の概念理解，指先の動き（つまむ），指先の力を育む

材料 ジョイントマット，ダボ，フェルト

数字に合わせてダボをさそう！

■作り方

1　ジョイントマットをカットする。
　ジョイントマットを長方形にカットする。片方は後でつなげることができるようにジョイント部分を残しておき，反対のジョイント部分はカットする。
　2セット作り貼り合わせると丈夫になる。

2　ダボにフェルトを巻き付ける。

3　ジョイントマットに穴を開ける。
　ダボが差し込めるように穴を開ける。

4　数字を貼り付ける。

■学び方（遊び方）

　左側に取り付けた数字を見ながら，同じ数のダボを右側のジョイントマットに差し込んで遊んでいきます。

　数字を見ながら実際にダボを差し込んでいくことで動きながら学習することができ，より数の概念理解を深めることにつながります。

　理解が曖昧な子の場合には，数字側のジョイントマットに点などを描き，視覚的なヒントを提示することで取り組みやすくなります。

　指先の動きの練習や指先の力をつける遊びとしても活用できます。

数

数―概念理解

87　ポテトで数遊び

動画

 ねらい　数の概念理解を育む

 材料　スポンジシート（4mm厚），紙コップ，厚紙，マジックテープ

■作り方

1　スポンジシートを切る。
　紙コップの大きさに合わせて，適当な長さや幅でポテトの形になるように切る。

2　紙コップでポテトカップを作る。
　紙コップの左右を折り，ポテトカップの形にする。正面になる側の上部はハサミで切る。

3　紙コップにつける数字を作る。
　丸く切った厚紙に数字を書き込む。
　コップと厚紙にマジックテープを貼り数字をつける。

■学び方（遊び方）

　ポテトカップにつけた数字に合わせて，同じ数のポテトをカップに入れて遊んでいきます。

　ポテトを数字に合わせて入れていくことで，数字と実際の数とのマッチングができ，数の概念理解を促すことに活用できそうです。

　数の概念理解が未熟な子の場合，見本となるセットを作っておき，見本と同じになるようにポテトを入れていけば，視覚的なヒントがある状態で数遊びをすることができそうです。

数─概念理解

88 花びらで数遊び

ねらい 数の概念理解を育む

材料 スポンジシート（2.5mm厚），ダンボール，丸シール，DL15を印刷したもの

シールと花びらの数字を合わせて可愛いお花を咲かせよう！

■作り方

1　土台を作る。
青色のスポンジシートをダンボールに貼る。

2　花部分を作る。
DL15をダウンロード，印刷し型紙を用意する。花の中心部分と，花びら部分を型紙に合わせて切る。花びらに数字を書き込む。

3　土台に丸シールを貼る。
花びらの形に縁取りした部分に，徐々に数が増えるように丸シールを貼っていく。

4　花を完成させる。
茎と葉っぱ部分をスポンジシートで作る。

■学び方（遊び方）

花びらに書かれた数字と，土台に貼ってある丸シールの数がマッチングするように土台に花びらを置いていきます。

数字と丸シートの数を合わせていくことで，数の概念理解を深める遊びとして活用できそうです。

数の概念理解が未熟な子の場合，花びらに書かれた数字の下に丸を書いたり，土台の丸シールの下に数字を書いたりするなどして視覚的なヒントを提示するとわかりやすくなると思います。

数—概念理解

89 ビーズで数遊び

ねらい 数の概念理解，目と手の協応を育む

材料 プラスチックダンボール，ビーズ，モール，丸シール

ビーズを動かしながら数えて遊ぼう！

■作り方

1　プラダンをカットする。

　プラスチックダンボール（以下プラダン）を長方形（今回は200mm×50mm）にカットし，さらに中をくり抜く。

　後でモールが通せるように，プラダンの穴の向きを確認しながらカットする。

2　モールにビーズを通す。

3　プラダンにモールを通し固定する。

　プラダンの穴にモールを通して固定する。

4　数字を書いた丸シールをビーズに合わせて貼る。

■学び方（遊び方）

　モールに通してあるビーズを左右に動かして遊んでいきます。丸シールに合わせてビーズを動かしていくことで，視覚的なヒントと実際に動かす経験の中で数の概念理解を深めていくことにつながりそうです。

　声に出しながら進めることで，実際の動きと音（ことば）を合わせながら進めることもできます。

　小さなビーズを使っているため，数の概念理解が未熟な子のほか，目と手の協応した動きや指先の動きが未熟な子にも活用できます。

数―概念理解

90 プッシュポップで数遊び

ねらい 数の概念理解を育む

材料 プッシュポップ，ビー玉

数字を押したり，ビー玉を入れて数字遊びを楽しもう！

■作り方

1 プッシュポップに数字を書き込む。
 プッシュポップのくぼみ部分に数字を書き込む。

2 ビー玉に数字を書き込む。
 そのまま書き込むと数字が見えにくいので，白マーカーなどで塗った上に数字を書き込むとよい。

■学び方（遊び方）

 数字を見ながら順番にプッシュポップを押したり，くぼんだ部分に同じ数字の書いてあるビー玉を入れたりして遊んでいきます。

 実際に数字を押しながら数えたり，ビー玉を同じ数字にマッチングしながら入れていったりすることで，数の概念理解を深めることに役立ちそうです。

 数の学習を始めたばかりの子の場合には，大人が一緒に数えながらプッシュポップを押していくようにするとよりイメージがつきやすいと思います。

数―概念理解

91 ライオンのたてがみ遊び

動画

 ねらい　数の概念理解，目と手の協応を育む

材料　スポンジシート（4㎜厚），ジョイントマット

たてがみを数えながらライオンを完成させよう！

■作り方
1　ジョイントマットを切る。
　ジョイントマットのジョイント部分をたてがみとして使用する。
2　スポンジシートを切る。
　1枚は切ったジョイントマットの大きさに合わせてくり抜く。
　もう1枚は下地として切る。
3　スポンジシートを貼り合わせる。
　ライオンの顔は自由に作ってよい。
4　数字を書き込む。
　たてがみの周りに数字を書き込む。

■学び方（遊び方）
　ジョイントマットでできたライオンのたてがみを1から順番にはめ込んでいきライオンを完成させて遊びます。
　1から順番にはめ込むようにしていくことで，見た目にたてがみが増えていく様子を書き込まれている数字とのマッチングをしながら見ることができるので数の概念理解を高める遊びとして活用できそうです。
　数字を書き込まない場合でも，目と手の協応の遊びとして興味をもって遊んでもらうことができそうです。

数

数―概念理解

92 イモムシとりんごの数遊び

 数の概念理解，指先の動き，両手の動きを育む

 材料　フェルト，スポンジシート（4mm厚），毛糸

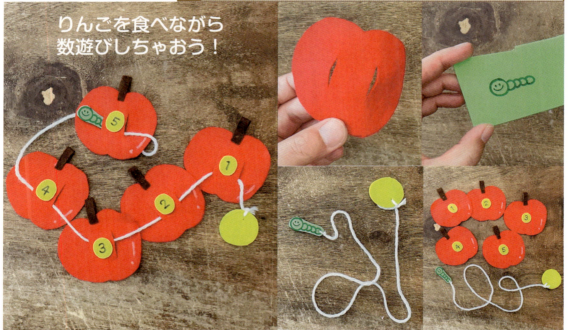

りんごを食べながら数遊びしちゃおう！

■作り方

1　フェルトを切る。
　フェルトをりんごの形に切り，2箇所に切れ込みを入れる。

2　イモムシを作る。
　スポンジシートでイモムシを作り，毛糸を取り付ける。毛糸の最後にもスポンジシートを取り付けるとりんごにイモムシを通した後に抜けることを防ぐことができる。

3　りんごに数字を貼り付ける。
　数字の書かれたフェルトをりんごに貼り付ける。

■学び方（遊び方）

　りんごに書いてある数字を見ながら，順番にイモムシをりんごに通して遊びます。
　りんごをイモムシが食べる設定なので，子どもの興味をひきつつ，数の概念理解を促す遊びとして活用できそうです。
　数への興味が薄かったり，理解が未熟な子の場合，まず数字がついていない状態で始め，一緒に数えながら進めるとよいです。
　数の概念理解を促すこと以外にも，指先の動きや両手の動きを高める遊びとしても活用できます。

ことば・コミュニケーション

93　やさしさメーター

動画

ねらい　ことばと動き（力加減）の連動，コミュニケーション力を育む

材料　キッチン目安計

力加減を視覚化！

■作り方
1　キッチン目安計のグラム部分を外す。
2　白部分に力の程度を描き込む。
　表情の絵や文字で力の程度に合わせて，どのような感情なのかわかるように描き込む。
　どの程度で区切るのかは作成者の感覚で決めてよい。

■学び方（遊び方）
　大人が伝えたことば（「○○くらいの顔のところまで」「○○くらいの力のところまで」など）に合わせて，適切な力加減ではかりの部分を押すことを遊びながら学んでいくようにします。
　ことばと動きの連動や他者とのコミュニケーションを学ぶことにもつながります。
　力加減がことばだけではイメージできない，うまく押すことができない子の場合には，大人が後方から一緒に押すようにして力加減の感覚をイメージできるようにするとよいです。

ことば・コミュニケーション

94　表情・ことばマッチング

動画

ねらい　表情とことばの理解を育む

材料　木製スプーン，ジョイントマット，スポンジシート

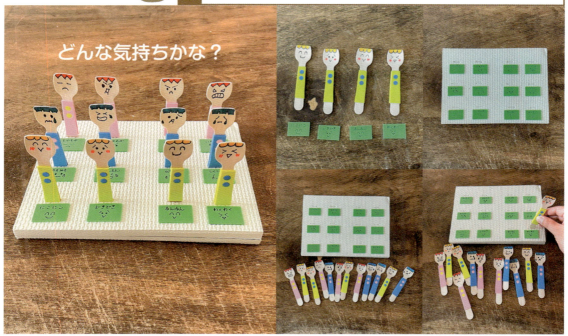

■作り方

1　スプーンを加工する。
　スプーンの先を切る。すくう面に様々な表情を描き込む。
　スポンジシートを貼り付け装飾する。

2　ジョイントマットを切る。
　同じ大きさのジョイントマットを2枚用意する。貼り合わせて，スプーンを差し込める切れ込みを入れる。

3　スポンジシートを貼る。
　スプーンに描いた表情と対応することばを描いたものを貼り付ける。

■学び方（遊び方）

　ジョイントマットに貼り付けてある表情とことばを見ながら，同じ表情のスプーンを差し込んで遊びます。
　実際に表情とことばを見つつマッチングしていくことで，視覚的なヒントが得られやすいです。さらに，ことばで言いながら遊ぶことで，表情とことばの理解を促すことに活用できそうです。
　裏面はことばのみにすることで，視覚的なヒントのない状態になるため，難易度を上げて遊ぶことができます。

ことば・コミュニケーション

95　なに食べる？

ねらい　他者とのやりとり，注目，ことばの理解を育む

材料　カラーおはじき，ケース（小さめ，蓋が加工しやすいもの），食べ物シール

■作り方

1　容器の蓋をくり抜く。
　カラーおはじきが入る程度の大きさでくり抜く。

2　容器の蓋に動物の絵を描く。
　直接描く，もしくはシールなどに描いて貼る。口の部分にカラーおはじきが入るように設定する。

3　カラーおはじきにシールを貼る。
　食べ物シールを貼り付ける。

■学び方（遊び方）

　カラーおはじきに貼ってある食べ物を大人が指定して，子どもが容器に描かれている動物に食べさせるように入れて遊んでいきます。

　ことばのみで伝えてみる，指差しで伝えてみるなどして，ことばの理解を深めていくことや，相手に注目したり，相手に合わせて行動したりするなどコミュニケーション力を深めていくことにも役立ちそうです。

　少ない数の中から選んでもらうようにすると刺激が少なく集中して取り組みやすいです。

ことば・コミュニケーション

96　どっちのほっぺに入ってる？

ねらい　ことばの理解，コミュニケーション力を育む

　材料　紙コップ，フェルトボール，モール，DL16 を印刷したもの

■作り方

1　素材をダウンロード，印刷する。
　リスのイラストが描かれた DL16 をダウンロード，印刷する。

2　紙コップを切る。
　木の実が入る程度の高さに切る。

3　木の実を作る。
　フェルトボールに千枚通しなどで穴を開け，モールを通して固定して木の実を作る。

■学び方（遊び方）

　リスのほっぺに見立てた紙コップに木の実を隠して，紙コップを「どっちのほっぺに入ってる？」と言いながら左右に動かし，どちらのほっぺに木の実が入っているのか当ててもらいます。

　遊びを通して，ことばの理解や他者への注目，やりとりする力などコミュニケーション力を養う遊びとして活用できそうです。

　左右に動かす回数や速さを変えることで，子どもの様子に合わせて難易度を調整することができます。

ことば・コミュニケーション

97 カバさんパックン

ねらい ことば（色）の理解，コミュニケーション力を育む

 材料 スポンジシート（1.5mm厚と4mm厚），ケース（円柱のもの），フェルトボール

■作り方

1 スポンジシートを切る。

　円柱のケースに合わせてカバの前足，後ろ足部分をスポンジシートで作る。2セットずつ作って貼り合わせると安定しやすい。

　カバの顔パーツも作る。

　歯，ほっぺの部分は1.5mm厚のスポンジシートで作る（なくてもよい）。

2 ケースにスポンジシートをつける。

　ケースを穴に通せばつくが，接着剤やテープで固定するとより丈夫になる。

■学び方（遊び方）

　ケースでできたカバさんに，フェルトボールの餌を食べさせて遊んでいきます。

　フェルトボールを食べさせる際に，大人が指定した色のフェルトボールを食べさせてもらうようにすることで，ことばの理解（色），コミュニケーション力を養うことに活用できそうです。

　フェルトボール以外のもの（例えば野菜の形の消しゴムなど）を使えば，他のことばを学習することにも活用できます。

ことば・コミュニケーション

98 食べ物パックン

ねらい ことばの理解，コミュニケーション力，目と手の協応を育む

材料 ケース（蓋が柔らかくてくり抜きやすいもの），食べ物のおもちゃ（マジックテープ付きのもの），マジックテープ，DL17を印刷したもの

ネコさんに果物をあげよう！

■作り方

1　ケースの蓋をくり抜く。
　DL17をダウンロード，印刷し蓋に貼り付け，口部分をくり抜く。
　素材を透明テープで全体的に貼り付けると丈夫に仕上がる。

2　マジックテープを貼り付ける。
　ケースの周囲にマジックテープを貼り付ける。

■学び方（遊び方）

　ケースの周囲についている食べ物をマッチングしてから動物に食べさせて遊びます。
　マッチングする前に，大人が指示した食べ物を取るように促すことで，ことばの理解やコミュニケーション力を養うことにも活用できそうです。
　マジックテープから食べ物を剥がし，マッチングする動きも入っているので，目と手の協応遊びとしても活用でき，ことばの理解が未熟な子どもにも使うことができます。

ことば・コミュニケーション

99 くるっと合わせてことば遊び

ねらい ことばの理解，コミュニケーション力，目と手の協応を育む

材料 ダンボール，紙皿，丸箸（木製），DL18を印刷したもの

くるくる合わせて決まった組み合わせにしよう！

■作り方

1　紙皿を切る。
　DL18をダウンロード，印刷し紙皿に貼り付ける。
　素材に合わせて紙皿を切る。

2　ダンボールに丸箸を固定する。
　丸箸は30mm程度の長さに切る。ダンボールに接着剤で固定する。
　丸箸同士の間隔は，紙皿を丸箸に通した際に紙皿が隣の丸箸に当たらないくらいにする。

■学び方（遊び方）

　色のついている紙皿と形のくり抜かれている紙皿をくるくる回しながら合わせて遊びます。

　「赤色の帽子」など大人がことばで指示した組み合わせになるようにしていくことで，ことば（色，物）の理解やコミュニケーション力を養うことに活用できそうです。

　配色や形を変えることで，様々な組み合わせで遊ぶことができるため，子どもの興味に合わせて遊ぶことができます。

ことば・コミュニケーション

100   くるっと回して中身はなーに？

ねらい　ことばの理解，コミュニケーション力を育む

　材料　紙皿，DL19 を印刷したもの

■作り方

1　紙皿に素材を印刷したものを貼り付ける。
　DL19 をダウンロード，印刷して使用する。

2　紙皿の外側に切れ込みを入れる。
　紙皿を回しやすくするために，？のかかれた紙皿の外側に切れ込みを入れる。

3　紙皿をくり抜く。
　2で切れ込みを入れた紙皿の一部を丸くくり抜く。

■学び方（遊び方）

　紙皿をくるくる回して，くり抜かれた部分から見える絵をヒントにして中身が何かを当てて遊びます。

　「なにかな？」「○○だね！」など大人が声かけをしながら遊ぶことで，他者に注目しながら，ことばの理解やコミュニケーション力を養う遊びとして活用できそうです。

　うまく答えることができない子の場合，くり抜き部分の面積を広くすることで中身のヒントがわかりやすくなるため，取り組みやすくなるかと思います。

おわりに

　本書を読んでいただきありがとうございます。

　前作「手指の発達を支援する手作り教材アイデア」を2022年5月に明治図書出版の方から出版させていただき早2年。まさか第2弾のご依頼をいただけるとは思ってもみませんでした。しかも，今回はオールカラーでの出版。Instagramでは子どもの興味をひくために，色合いや設定を考えて教材を作り，発信してきました。白黒での教材アイデアでも必要な情報を入れれば問題なく教材の特徴や作り方は伝えることができていましたが，やはりパッとページを開いて教材アイデアがカラー写真の状態で飛び込んでくると，子どもにも楽しんでもらえそうか直感的にイメージしやすく，教材作成の意欲も掻き立てられるのではないかと思います。カラー版での出版に関しては，自分自身の1番の希望であったので，自分の希望を叶えるために一生懸命ご尽力いただいた明治図書出版の方には感謝の気持ちでいっぱいです。出版を通して，自分の教材アイデアをより多くの方に見て，作って，使っていただけると思うと，わくわく，どきどきが止まりません。

　今回の「発達と学びを支援する手作り教材アイデア」を通して，より多くの療育関係者，教育関係者，保育関係者，保護者が手作り教材の魅力に気づき，近くにいるお子さんたちのたくさんの「できた！」「もっとやりたい！」気持ちを育んでいっていただけたら幸いです。

　　　　　　　　　　　　　　　　　　　　　　　　　　　　　　　　　　　　　ごーや

【著者紹介】

ごーや

作業療法士。
病院で発達障害をもった子どもたちのリハビリに15年携わる。
現在は，児童発達支援・放課後等デイサービスで子どもたちに関わる傍ら，Instagramでも療育に関心のある保護者，支援者，教育者向けに，「安い，早い，簡単」をコンセプトに家庭や施設，保育園や小学校で使える手作り教材・おもちゃを作成し紹介している。
著書に『手指の発達を支援する手作り教材アイデア』（明治図書）がある。

Instagramでは日々新しい教材を紹介しています☞

特別支援教育サポートBOOKS
発達と学びを支援する手作り教材アイデア

2025年3月初版第1刷刊　Ⓒ著　者　ごーや
発行者　藤　原　光　政
発行所　明治図書出版株式会社
http://www.meijitosho.co.jp
（企画・校正）江﨑夏生
〒114-0023　東京都北区滝野川7-46-1
振替00160-5-151318　電話03(5907)6701
ご注文窓口　電話03(5907)6668

＊検印省略　　　　組版所　藤原印刷株式会社

本書の無断コピーは，著作権・出版権にふれます。ご注意ください。

Printed in Japan　　ISBN978-4-18-031623-6
もれなくクーポンがもらえる！読者アンケートはこちらから
→